沟通力
12项修炼

杜 超◎著

中国商业出版社

图书在版编目（CIP）数据

沟通力12项修炼 / 杜超著. -- 北京：中国商业出版社，2018.6
ISBN 978-7-5208-0381-6

Ⅰ.①沟… Ⅱ.①杜… Ⅲ.①人际关系—口才学—通俗读物 Ⅳ.①C912.13-49

中国版本图书馆CIP数据核字(2018)第116914号

责任编辑：朱丽丽

中国商业出版社出版发行
010-63180647　www.c-cbook.com
（100053　北京广安门内报国寺1号）
新华书店经销
三河市宏顺兴印刷有限公司印刷

*

880毫米×1230毫米　32开　8印张　150千字
2019年3月第1版　2019年3月第1次印刷
定价：39.80元

* * * *

（如有印装质量问题可更换）

序

山高人为峰，沟通赢天下

石油大王洛克菲勒说过："假如人际沟通能力也是同糖或咖啡一样的商品，我愿意付出比太阳底下任何东西都珍贵的价格购买这种能力。"美国著名学府普林斯顿大学对一万份人事档案进行分析发现："智慧""专业技术"和"经验"只占成功因素的25%，其余75%取决于良好的沟通能力。

可以说，沟通是相互传递思想与感情的桥梁，是打开领导与员工之间心结的钥匙，是建立与维护客户关系的纽带，也是解决各种问题的良方，更是引领团队迈向成功的关键。领导要想带领团队实现组织目标，必须培养自己超强的沟通力。

对一个优秀的领导者来说，他大部分时间不是在埋头做事，而是在与团队、员工、客户等进行沟通：会议、谈话、活动……部门之间、上下级之间的各种正式和非正式的交流，甚至睡觉的时候他都在想，明天与客户见面时该怎么说。有些企业之所以问题连连，多个环节会出现问题，是因为沟通不到位，或者说领导者欠缺一定的沟通力，这样的领导虽然可能能说、会说，但是讲不到点上，讲不出水平，不讲还好，一讲问题更复杂了。这就是典型的沟通力欠缺。欠缺沟通力，非但不能解决问题，还会带来新的问题。事实证明，在管理工作中，一个欠缺沟通力的领导，因为沟通带来的新问题，比他能够解决的老问题还要多。

从这个角度来说，沟通力也是领导力。领导要提升自己的领导能力，先要提升自己的沟通力，学会在不同的场合，与不同的对象好好说话——不只说自己想说的话，也要说别人想听的话。只有与别人实现了有效沟通，领导者的思想才能为对方所理解、接受，进而得到更真实的信息反馈，为决策提供依据。

那么，如何提升自己的沟通力呢？没有捷径，唯有多学多练，借鉴成功经验，熟能生巧。本书从十二个方面介绍了提升沟通力的方法、方式以及需要注意的诸多事项，能够有效帮助那些需要提高沟通力的人，特别是领导者提升自己的沟通能力。

目录

CONTENTS

第1章 不懂沟通,你怎么带团队

格局小的领导说不出大气话 / 002

办利索事,先要说干脆话 / 005

多接触员工,直接倾听他们的心声 / 009

别把探讨变成命令 / 011

优雅地纠正下属的错误 / 013

用好模糊语,让表达更有弹性 / 015

与下属私聊,话不能说得太近 / 017

虚心请教时,先放低身段 / 019

少些领导作派,说话更受听 / 021

第2章 与客户沟通,好开场带来好结果

与客户沟通,万莫吝啬你的"礼" / 024

做好场面人,先要说好客套话 / 026

善于没话找话，有的聊才不尴尬 / 029
赞美要选时机，更要找对"点" / 031
幽他一默，关系也能近三分 / 033
人各有异，好话赖话都要看对象 / 036
打好感情牌，生意朋友一起做 / 039

第3章　与领导交流，高效对话源自高明方法

下稳得住下属，上摆得平老板 / 042
上传下达，处处搭好沟通之桥 / 045
埋头做事重要，对上交流更重要 / 049
领任务话说得巧，工作才会干得好 / 051
要提高能见度，就别让汇报变讨教 / 054
请示领导不要张口就来 / 057
学会说"不"，领导面前不行也行 / 060

第4章　谈判交锋，心理博弈加上策略互动

妥协不是错，关键是怎么让 / 064
不懂幽默，怎么坐下来好好说话 / 067
用情绪杠杆撬动谈判进程 / 071
从不满意中寻求最佳突破点 / 074
做足"前戏"，入题才能说好话 / 077
会谈僵局变胜局，瞎谈僵局变死局 / 080
别乱了规矩，插话也要看节奏 / 082

目录

第5章 会议沟通，有效方式换来有效结果

开会不要只带一张嘴 / 086

开会坐前排，不做隐形人 / 088

会不在长，说话也要讲时间成本 / 091

会上发言要亮，太俗了掉身份 / 093

主持会议，不懂"话术"就别充大 / 097

把控好会议的内容与进程 / 100

会议总结就是说好"一二三" / 102

讲不好会议语言，哪来的高效会议 / 104

第6章 面试谈话，成败全在问答中

邀约面试也是自我营销 / 108

面试提问要问到点子上 / 111

想听出问题，话就别说得太多 / 114

句句要体现专业与素养 / 116

谈薪资待遇要有收有放 / 119

识才必须念好的"面试经" / 122

别带着"坑人"情结上阵 / 125

离职面谈是一场高水平的"面试" / 128

第7章 绩效考核,走对过程把好过场

说考核难,是因沟通不到位 / 132
绩效反馈要有理有据有序 / 134
多听少辩,别把面谈搞成批斗会 / 137
走对过程,把控好过场 / 139
做好绩效管理要真沟通、多沟通 / 141
绩效沟通要因人而异 / 145
积极引导员工进行自我评价 / 148

第8章 激励沟通,物质犒赏不如精神褒扬

没有尊重,就不要谈激励 / 152
绩效激励讲诚信,切记放空炮 / 154
钱不是激励的第一筹码 / 157
奖是手段,励是目的 / 159
容人小过,不要吝啬你的宽容 / 162
表扬要用心,不能乱开支票 / 164
学会从三个层面鞭策员工 / 167

第9章　惩戒沟通，把问题谈透而不是把人批臭

批评也是一种领导力　/ 170
把握批评原则，把丑话说得体了　/ 173
训诫员工讲方法，别张口就来　/ 177
多和犯错下属做换位思考　/ 179
员工认错后，忌再穷追猛打　/ 181
批评要就事论事，别碰老伤疤　/ 183
话说对了，惩罚也是激励　/ 185
批评也是爱，打一巴掌要揉三揉　/ 188
裁谁只是一句话？没那么简单　/ 190

第10章　授权沟通，责任权利一个都不能少

沟通，也是权力的传递　/ 194
授权谈话也要讲究时机　/ 196
"你办事，我放心"也要巧表达　/ 198
布置工作"事"小，门道却大　/ 201
有效授权不必交代操作细节　/ 204
谨慎责备犯了错的员工　/ 206

第11章　薪酬沟通，别让薪酬成员工"心愁"

谈薪要坦诚，别纠结于"小钱" / 210
加薪不将就，话要说到位 / 212
涨薪沟通要抓住核心点 / 215
降薪前要做好沟通工作 / 218
灵活处理员工的申诉 / 221

第12章　晋降沟通，位子面子要兼顾

提拔的气度，决定自己的高度 / 224
鸭子不上架，就不要强撑 / 226
理性应对下属的降职请求 / 229
给不了位子，就多给面子 / 231
谨慎承诺，"晋升"不宜当话题 / 234
挽留核心员工，不能只动嘴皮子 / 237
话到位了，送"神"不比请神难 / 240
解聘，也要让员工体面离开 / 243
别把"跳槽"员工当冤家 / 245

第1章

不懂沟通,你怎么带团队

沟通是领导的基础,团队的方向、效率、士气都要靠领导的好口才。所以有人形象地说:"团队就是一个有口才的人对着一群有耳朵的人说话,让这些人听从他的领导。"作为领导,要想增强团队的凝聚力,打造一支优秀的员工队伍,必须掌握团队沟通的艺术。

格局小的领导说不出大气话

大气，即大的气度、大的气势，大方、不俗气。领导说话要大气，这是常识，几乎是个领导就知道这个道理，但是有些人讲出来的话，却难称得上大气。

大气话不是张口就来，不但需要一点水平，而且与个人的学识修养有关。小气的人，很难讲出大气的话。受过良好教育，有一定心胸与眼界的人，他们说出的话好听，很重要的一个原因，就是大气。身为领导，该如何说好大气话？

1. 不论人非，不嫉人能

香港著名演员张卫健和"老戏骨"王志文曾合作拍摄电影《杀戮之地》。一次，记者问张卫健："都说王志文脾气不太好，你是否害怕王志文会像传说中那样难相处？"张卫健的回答颇显气度："整个剧组需要一个严肃做事的人来带动。这个行业里越有个性的人越成功，像我脾气比较随和，平时嘻嘻哈哈，就只能演喜剧了。"

记者又问道："虽然都是主角，你的片酬却远不及王志文，你有什么看法？"张卫健更是大气地说："一山总比一山高。"

大气的话，表现为不论人非，不嫉人能，能够说出高度尊重他人、欣赏他人的话。不论是说到王志文的"坏脾气"，还是谈到王志文的"片酬高",张卫健既不嫉妒,更不随意搬弄是非,而是以充满敬意的态度,表达了对王志文的欣赏和尊重,而且还善于贬己褒人,通过自嘲,更加衬托出了王志文自有其魅力和不凡的成就。张卫健的真挚话语,意蕴深刻,既表现了其宽厚大气,又不伤他人,令人击节叫好!如果我们都能像张卫健这样,容纳他人,善为他人说好话,就一定能在言谈中表现出宽宏大气。

2. 不以物喜,不以己悲

有一段时间,汪涵的工作过于繁忙,体力严重透支,以致有一次在现场直播的时候流了鼻血。为了不让观众看出来,他就用话筒上面的海绵堵住鼻子,保证直播继续进行。后来就有记者问他:"你有没有想过将来要把工作放下?"

汪涵大气地说道:"当你想放下的时候,你还抓在别人的手里,我们彼此都是相互抓着的。比如说,你这一刻有可能在想:采访汪涵真没劲,我不想采访了。但是不行,这是你的工作,没办法。我也想干脆就不做了,反正钱也够花了,但是不可能。你一直坚守的这个高地,还需要你坚守。我经常说主持人就是战士,你又没负伤,轻伤还不下火线呢!就流点鼻血算什么啊!"

大气的话,表现为不以物喜,不以己悲,能够说出旨趣深邃、意境高远的话。汪涵没有为自己的"敬业"和"累得流鼻血"而过喜和过忧,而是客观地讲出了"不要把自己的事儿太当事儿"的理念,更反映了他"不忘初心,方得始终"的成功道理。他视主持人为"战士"的话语,可谓"高端大气上档次",让人值得玩味。作为领导,在工作中如果不为自己的得与失、悲与喜所左右,说话心态平和,就一定能说出高远大气的话来。

3. 落落大方，自我解嘲

孔子周游列国，一次到郑国时，竟与弟子走散了，自己一个人狼狈不堪地在郑国城外的东门口站等。有个郑国人告诉子贡："东门那里站着一个人，他的额头像唐尧，脖子像皋陶，肩膀像子产，可是从腰以下比禹短了三寸；一副疲惫倒霉的样子，真像是丧家之犬。那可能就是你们的老师。"

弟子们找到老师后，子贡就把郑国人描述他的话告诉了孔子，孔子倒是不生气，很大气地说："容貌外表本来就是细枝末节的东西，至于说我像不像古代帝王，那一点也不重要，倒是他说我像只丧家之犬，那可真是说得对，说得挺形象的啊！"

大气的话，表现为不小家子气，不斤斤计较，落落大方、潇洒自如。"一代宗师"孔子被人形容为"丧家之犬"，他丝毫没有因为受辱而有任何不满，更没有恶言相报，而且能在众弟子面前欣然接受，笑侃其"说得对，挺形象"，表现出了何等从容宽厚、宁静和谐的大气，让人钦佩不已！工作中，不管面对什么样的丑化与嘲讽，如果领导者都能像孔子这样，善于自我解嘲，不去以牙还牙、以眼还眼，则一定能给人留下言语大气的良好印象。

大气的话，表现为不畏人忌，不惧人毁，能够说出格局很大、气魄很大的话。在言语交际中，做领导的不要小肚鸡肠，要学会说大气的话，这样，不仅彰显自己豁达的胸怀，更能让话语动听，提升自己的话语影响力。

办利索事，先要说干脆话

在快节奏的今天，人们越来越崇尚极简主义。说短话，开短会，也越来越成为领导提升办事效率与自身素养的一个习惯。的确，说话的风格，直接体现领导的做事风格，说话东拉西扯的人，办事往往拖泥带水，说话干脆的人，办事往往也很利索。

领导说干脆话，是一种表达技巧，它能快速地介绍情况、交代工作，与人交流思想。说干脆话，提纲挈领地把问题的本质特征表达出来，可以达到"片言以居要，一目能传神"的效果。不少领袖人物都具有这种能力。他们善于高屋建瓴地把握形势，抓住问题的症结，且能用准确精当的语言加以概括表达。如毛泽东的"星星之火，可以燎原""军民鱼水情""枪杆子里面出政权"。邓小平的"实践是检验真理的唯一标准"，等等。所以，一个领导者要学会讲干脆话，学会三言两语概括事物的要领。

讲干脆话，具有三个主要作用：一是筛选作用，就是丢掉事物中的无关部分，选取具有本质属性的内容；二是归结作用，即是将事物的共同点归结在一起，减少"水分"和避免繁复；三是扩大作用，即从认识个别事物进而扩大到认识一般事物，有利于逐步接近真理和掌握真理。

1. 筛选概括

领导者在讲话中，常常要列举一些典型事例。尽量从这些事例中选取能说明观点的有用部分，摒弃其他非本质部分，并沿着这些典型事例进行分析、论证、推理,得出一个具有指导意义的结论,这就是事理概括。

我国改革开放是大势所趋,人心所向,但是,最初还是遇到了一些阻力。主要原因是:不清楚什么是判断是非的标准。这本是极为复杂的问题,邓小平同志在巡视中国南方时,用短短几句话就讲清楚了,他说:"改革开放迈不开步子,不敢闯,说来说去就是怕资本主义的东西多了,走了资本主义道路。要害是'姓资'还是'姓社'的问题。判断的标准,应该主要看是否有利于发展社会主义社会的生产力,是否有利于增强社会主义国家的综合国力,是否有利于提高人民的生活水平。"上述三个"有利于"既成了公认的判断标准,又是对这一重大问题最有力的概括。

2. 归结概括

领导者在讲话过程中,对一些具有结论性的内容,或者能独立存在的内容单元,通过集中提炼,浓缩成为极简单的句子、词或整齐的短语,在听众记忆中打下深刻的烙印,这就是浓缩概括。例如:

一位省领导针对新闻单位存在的问题说:"近些年来,有些新闻单位放松了新闻队伍的建设,党的新闻优良传统被淡化了。在部分记者中出现了'四多四少'的现象:跑沿海的多了,跑内陆的少了;跑城市的多了,跑农村的少了;跑会议的多了,跑调研的少了,跑富裕单位的多了,跑贫困地区的少了。有的记者很少深入基层,深入群众,而是习惯会议开开,宾馆住住,礼品拿拿,简报看看,大笔挥挥。这种作风不改变,我看是非常危险的。"

这里用了"四多四少"这样四个对比,加上五个短语,既是很实际的批评,也是很高超的归结。

3. 扩大概括

扩大概括是把某一单独事物的本质属性,推广到它所属的全类个体上去,从而把全类个性概括在一起的推理方法。

齐威王二十四年,魏惠王与齐威王一起去郊外打猎。魏惠王带着几分夸耀的语气说:"你们齐国可有什么奇珍异宝吗?我们魏国虽不算大,尚且有10枚直径为一寸的宝珠,这些珠宝晶莹滑润,玲珑剔透,到了夜间,亮光闪闪,光华四射,能够把前后12辆车子照得通亮,真是不可多得的稀世珍宝。贵国这样一个堂堂大国,怎么连件像样的国宝都没有呢?遗憾!遗憾!"

齐威王微微一笑说:"我们所说的国宝与你们看重的国宝迥然不同:我有一个名叫檀子的大臣,现在镇守在南城,他恪尽职守,爱兵如子,夜不卸甲,使得强悍的楚国人不敢骚扰我国的南部边疆;我有一个名叫盼子的大臣,带兵在高唐驻防,他办事异常精细,防范特别严密,使得赵国人不敢在我国的河流里撒网捕鱼,为国家赢得了一大笔渔业收入;我有一个名叫黔夫的大臣,被派去治理徐州,他文武并用,恩威并施,使得燕国、赵国的老百姓自愿迁移过来的多达7000余家;我还有一位叫种首的大臣,负责维护秩序,缉拿盗贼,他向各地发布告示,晓以利害,让老百姓群起监督,结果歹徒绝迹,盗贼自首,形成了夜不闭门、路不拾遗的太平局面。要讲国宝,以上4位出类拔萃的贤才,就是我们的国宝。他们思想和业绩所反射的光辉,连千里以外的地方都照耀到了,哪里是那些仅仅可以照亮12辆车子的宝珠所能比的呢!"

魏惠王一听,脸羞得通红。

齐威王将自己的"国宝"与魏惠王的国宝做了一番比较,对方的只能照亮12辆车子,而他的却可以照耀到千里以外,使天下太平。从而揭示了一条真理——真正的国宝是人才。

众所周知,讲话是领导的一项基本功。开会要讲话、与下属交流也要讲话。可以说，讲话几乎无时无刻地跟着领导"转"。但在实际生活中，有的领导为了显示自己讲话的能力和水平，往往信口开河，滔滔不绝。尤其是在大会上做发言，更是长篇大论，有的明明三五句话就能说清楚的，却偏偏要讲上一两个小时——懒婆娘的裹脚又长又臭。有的甚至认为，开会讲话时间短会被别人认为是没能力、没水平。

其实，能讲"短话"、干脆话，并把"话"讲到点子上，这才是真正的有能力、有水平。只有言简意赅，才能在遇到实际工作问题时"讲到位""讲到点"，避免"东拉西扯，不着边际"的尴尬。所以，领导讲话不应以"长"论英雄，要"短"中见实效，以"短"赢人心。

多接触员工，直接倾听他们的心声

俗话说"生命在于运动"。其实，沟通也在于运动。很多公司领导天天端坐在办公室里只知道发号施令。他们认为员工就是机器，就是用来使唤的，不与他们做过多的接触，或进行日常的沟通。

这种做法，只会让自己越来越闭目塞听，让员工越来没有归属感。优秀的领导非常注重与员工的沟通，他们经常会到员工中间走动，了解他们的工作，他们的生活，他们的情感。这样的领导更有凝聚力。

沃尔玛创始人山姆·沃尔顿认为，如果把沃尔玛管理制度浓缩为一点，那就是沟通。这一点在每个大公司里都很被重视。不过，沃尔玛在创业之初就已懂得分享信息的重要性了。作为世界知名的跨国公司，沃尔玛在电脑及卫星通信上花费数亿美元，山姆及各位主管每周几天乘飞机视察各店，各部门主管的周六例会，所有这一切，都是为了沟通。这是沃尔玛制胜的法宝之一。

山姆曾经说过："关于真正的合伙关系，还有一点是应该注意到的——那些远离其员工，出了问题不愿向员工请教的经理人员，永远也不可能成为员工真正的合伙人。管理过程中的一些问题常常令人感到精疲力竭和沮丧，商店的员工会感到疲惫。他们有时得对一些与他们有很大关系的问题冥思苦想，需要找到一个人愿意听听他们的倾诉，并能帮助他们解决难题。因此，尽管沃尔玛公司规模庞大，我们仍坚持开放政策。"

因此，沃尔玛公司的领导人被称为"公仆"，始终把与员工沟通放在首要位置。他们不是坐在办公桌后发号施令，而是走出来和员工直接交流、沟通，并及时处理有关问题，实行"走动式管理"。他们的办公室虽然有门，但门总是开着的，有的商店办公室甚至没有门，以便让每个员工随时可以走进去，提出自己的看法。平时，他们为每一个员工服务、指导、帮助和鼓励他们，为他们的成功创造机会，这些都是"公仆"领导必须经常处理的事情。

事实上，即使是山姆自己，也不遗余力地与他手下的经理一样，经常走动。他经常会对沃尔玛商店进行不定期的视察，并与员工们保持沟通。这使他成为深受大家尊敬的老板，同时也使他获得了大量的第一手信息。他通过沟通发现问题，同时也借此机会挖掘人才。因此，他经常会给他的业务执行副总经理打电话说："让某人去管一家商店吧，他能胜任。"业务经理要是对此人的经验等方面表示出一些疑虑，山姆就会说："给他一家商店吧，让我们瞧瞧他怎么做。"因为在沟通中他已经了解了这个人的能力。

所以，沃尔玛公司里的许多员工都很尊敬他，也喜欢与他交谈，把自己的问题向他倾诉。在公司里，有很多员工有意见有想法，但是都被压制了，如果公司领导者视而不见，是很不好的，这样的企业即使是暂时做大也不算是一个成功的企业。相反，如果领导者能经常走出办公室，和员工保持沟通，则能发现许多问题，对企业是非常有利的。

实际上，对于领导而言，通过走动寻找机会发表积极的评论和接受输入和反馈，也是在促进自己的成长。这种方式可以让你看到发生的事，并使你直接倾听员工的心声。对于有许多管理层的公司，这种方法尤其有效。这种方法让所有员工直接接触老板，当员工与老板交换意见时，通常会产生高水平的、自发的、创造性的工作热情和活力。

别把探讨变成命令

在工作中,领导与员工探讨工作是常有的事。既然是探讨,话就不能说得太透、太明,要给下属留有一定的发表观点的空间,否则,那就不是探讨,是指教、命令。

有些领导不懂探讨问题的技巧,经常会把自己的意图讲得非常透彻,下属明明有不同的观点,也不好意思讲出来。如,和下属探讨"要不要加班"这件事时会说:"我是赞成员工加班的,加班可以尽快实现我们的月度目标,而且也可以增加大家的收入,我也希望大家能支持我的观点。"这就不是探讨了,更像是传达指示。

在实际工作中,领导该如何与下属探讨工作呢?

1. 制定议事规范

无法有效讨论问题,也许是全人类的通病。为了使问题探讨一开始就不偏离方向,可以先制定一些议事规范,让参与讨论的人心中有数。这样,大家就知道第一步怎么做,第二步怎么来,使整个探讨过程井然有序,各方也能充分发表观点。

2. 不要自说自话

探讨,是一个双向互动的过程,要给员工充分的话语权,你一个人把该讲的话都讲完了,让员工怎么参与。不少领导有这个毛病,说是与员工探讨一下某个问题,结果,自己在那嘟嘟了半天,不给员工发表意见的机会,最后形成的"共识",或是观点,却说这是大家讨论的结果。探讨问题,除了要让员工积极参与,还要引导、鼓励他们发表观点，这样看问题才会全面、深入。

3. 谨慎发表观点

领导在与下属探讨工作时，最好先不要申明自己的立场，否则会给下属带来暗示——许多下属都会顺从领导的意思，来发表自己的观点。尤其是在有多人参与的情况下，要就事论事，引导大家发表观点，即使想表达自己的观点，也要留有余地，不要太直接。最后，再对大家的观点进行总结。

4. 多议论少争论

探讨问题时，有分歧属于正常现象，如果拿出来讨论，则必然会导致争论。争论不能解决问题，只会激化矛盾，激发不良情绪。带着情绪看问题，自然做不到冷静、客观。所以，在探讨问题时，要尽量控制好场面，允许大家发出各种声音，但要避免因个别观点产生争论、贬损等情况。在不理性的环境中，这些争论未必使道理越辩越明，但一定会使争辩的双方越来越极端，即支持观点 A 的一方会更强烈地支持 A，支持 B 的一方会更强烈地支持 B，不论 A 和 B 对错与否。

所以，领导与大家一同探讨问题也是有讲究的。探讨有没有结果，能得出什么结果，完全取决于领导的现场"指挥"。

优雅地纠正下属的错误

说话直来直去的人最伤人,不仅不能很好地进行沟通,还很可能会伤害别人。如医生给人看病,遇到病情较严重而又诊治不及时的患者,就直言道:"你怎么这么瘦哇!脸色也很难看!""你知道你的病已经到了什么地步了吗?""哎呀!你是怎么搞的?你这个病为什么不早点来看哪!"

患者听后会怎么想呢?作为医生这是治病还是致病呢?相反,如果换一种方式说:"幸好你及时来看病,只要你按时吃药,多注意休息,放下思想包袱,你很快就会好起来的。"这将给患者很大的鼓舞。

所以,纠正别人的问题时,如果说话直来直去,不仅会伤人自尊,也会反伤自己。委婉表达,不仅可以让人接受,还可以深得人心。毕竟春风袭人的语言,谁都愿意听。身为领导,说话办事不能太露,太露了不可取。含蓄是一种大气、一种风度,真正会做人的人,总是含蓄的。

在广州一著名的大酒家,一位外宾吃完最后一道茶点,顺手把精美的景泰蓝食筷悄悄"插入"自己的西装内衣口袋里。服务小姐不露声色地迎上前去,双手擎着一只装有一双景泰蓝食筷的绸面小匣子说:"我发现先生在用餐时,对我国景泰蓝食筷颇有爱不释手之意。非常感谢您对这种精细工艺品的赏识。为了表达我们的感激之情,经餐厅主管批准,我代表本店,将这双图案最为精美并且经严格消毒处理的景泰蓝食筷送给您,并按照大酒店的'优惠价格'记在您的账簿上,您看好吗?"

那位外宾当然明白这些话的弦外之音,在表示了谢意之后,说自己多喝了两杯"白兰地",头脑有点发晕,误将筷子插入内衣袋里,并且聪明地借此"台阶"说:"既然这种筷子不消毒就不好使用,我就'以旧换新'吧!哈哈哈。"说着取出内衣里的筷子恭敬地放回餐桌上,接过服务小姐给他的小匣,不失风度地向付账处走去。

心理学的研究表明,谁都不愿把自己的错处或隐私在公众面前"曝光",一旦被人曝光,就会感到难堪或恼怒。因此,在工作中,如果不是为了某种特殊需要,一般应尽量避免触及下属所避讳的敏感区,避免使对方当众出丑。必要时可委婉地暗示对方已知道他的错处或隐私,便可造成一种对他的压力,但不可过分,要点到为止。

委婉地纠正下属的错误,实在是一种沟通大智慧。既指出对方的错误,又保留对方的面子。员工难免因一时糊涂做一些不适当、"错误"的事。遇到这种情况,如果分寸把握得不适当,会使对方很难堪,也容易破坏交往的气氛和基础。

用好模糊语，让表达更有弹性

言而不尽意是人生的一大憾事，于场面上却又不能尽意，"犹抱琵琶半遮面"是最理想的一种效果，它既不会得罪人，也不会让人穷追猛打。

说话本应准确、清楚。但在语言的实际运用中，许多话是具有模糊性的。因为现实生活中有些话不必要、也不便于说得太直。

王元泽是宋朝著名政治家、文学家王安石的儿子，在他刚几岁时，有一个客人把一头獐和一头鹿放一个笼子里，问王元泽哪一头是獐，哪一头是鹿。王元泽回答说："獐旁边的那头是鹿，鹿旁边的那头是獐。"

王元泽的回答固然没有错。但是，王元泽的回答是含糊其词的，因为他没有确切地指明哪头是獐，哪头是鹿。然而妙也就妙在这"含糊其词"上，王元泽如果老老实实地回答"不知道"，那就显示不出他的聪颖和机智，也不可能引起客人对他的才华的赞美了。

一个财主晚年得子，不胜高兴。生日那天，大家都来祝贺。财主问客人甲："这孩子将来怎么样？"客人甲说："这孩子将来能当大官！"财主大喜，给了赏钱。财主问客人乙说："这个孩子将来怎么样？"客人乙说："这个孩子将来要发大财！"财主又赏了钱。财主又问客人丙说："这个孩子将来怎么样？"客人丙说："这个孩子将来要死的。"

财主气极了,把他打了一顿。说假话的得钱,说真话的挨打。既不愿说假话,又不愿挨打,怎么办?只好说:"啊呀,哈哈,啊哈,这孩子吗?哈哈……"

在大多数时候,说话应该准确无误,但有些时候,运用模糊性语言,保持弹性,反而具有更大的概括性和灵活性,上面的例子就是最好的证明。

一般来说,语言准确可以让你完整无误地表达自己的意思,但也有它不"好"的地方。比如,中国人喜欢用"沉鱼落雁,闭月羞花"来形容女子的美貌,可以让人产生美好的想象,回味无穷。如果只是准确描绘女人的眉目耳鼻以及身材,就很难让达到共鸣,因为每个人的审美观是不一样的。

模糊性语言最适宜解决一些尖锐的问题,给对方一个模糊的答案,或者多用一些"好像""可能""看来""大概"之类的词语,语气委婉一些,就能给自己留够余地。

当然,领导运用模糊语言,让语言保持弹性,也要注意场合,不能一味地追求语言的模糊,这样就容易沦为故弄玄虚,或被人当成随意的敷衍。

与下属私聊，话不能说得太近

领导找员工私下谈话，目的只有一个，就是让员工感受到自己对他的重视，让他更出色地完成工作。和员工私聊，尤其是和核心员工进行私聊，是领导与员工笼络感情的重要方式之一。运用得好，甚至能起到奖金起不到的激励作用，而如果掌握不好，就会聊出问题来。

领导与员工私下进行谈话，虽然不必像开会那样一本正经、字斟句酌，但也有一些禁忌。

1. 忌乱开空头支票

虽然和员工私下谈话，没有第三者在场，作为领导，你和员工说的每一句话，都应该有理有据，都应该负责任。

尤其是承诺的话，不能说过就忘，私下说的话不要和在会上说的话自相矛盾，否则，会让员工对你的认识产生矛盾，认为你说话不负责任，如此，对你的话也就可听可不听了。以后你采取的措施，也就起不到应有的激励或警告作用。

2. 忌议论他人是非

虽然你千叮咛、万嘱咐，告诉员工这是咱俩的私下谈话，别透露出去。但保密工作能做得这么好吗？世上没有不透风的墙，所以为了保险，不要在张三面前表扬张李四，贬低赵五，尤其是与工作无关的事情，更要少谈为妙，以免让员工以为领导和一般爱饶舌的家庭妇女无异。

3. 忌说话没有分寸

和员工私下谈话，只是谈话的场所、方式有所区别，其要注意的事项与大会讲话没有大的区别。和同学、朋友在一起，讲话可以随便一些。但和员工在一起时，没有根据的话不可以乱说，无论是工作方面的，还是涉及个人方面的。因为你的身份特殊，可能随便说说的话，在员工的耳朵里就有了含义。

4. 忌忽亲密忽疏远

有些领导私下和员工相处，俨然和员工是朋友，是兄弟，而到了工作场合，又摆出一副拒人千里之外的姿态，员工无法分辨哪个才是真正的领导，让员工无所适从。这种做法不妥，作为领导，公开和私下要保持一致的处事风格和处事作风。

5. 忌利用私谈套话

虽然这样的领导为数不多，但也不是没有。他们和张三私下谈话，套出张三对李四的不满，然后又利用张三口中说出的李四的缺点，去打击李四。这样的领导其实是最拙劣的领导，他们成功地让自己的员工内讧。但是让员工努力工作这一方面却必然失败。

领导和员工是平等的，这是在人格上，但在职责和地位上，两者是有区别的。领导应该时刻记住这种区别，和员工私下谈话，不必太官腔、太严肃、太正式，同时，有些话不能想说就说，一定要看场合，看对象。

虚心请教时，先放低身段

在职场上，由于传统的上尊下卑观念，不少领导认为，自己向下属请教问题是一件很没面子的事情。其实，每个人都有自己擅长的领域，不可能事事精通。作为领导，优势在于视野，在于管理。许多时候，在处理具体的事务时，领导的能力并不如员工。所以，必要的时候，领导要能弯下腰，虚心向员工请教，这是优秀领导必须具备的格局与气质，不能因为自己是领导，就高高在上，宁可不懂装懂，也不向下属请教。

丰田公司是一家优秀的公司，它的管理技术被世界各国的企业所借鉴。就连美国通用公司都是丰田的学生。作为团队的最高领导者，丰田喜一郎被誉为"管理界的神话"。

能够带领团队创造这样的成绩，除了丰田喜一郎具有刻苦的钻研精神和管理天赋外，还得益于他谦虚好学的品格。丰田喜一郎成名后，常被邀请到世界各地演讲。有一名翻译兼秘书专门为其准备演讲稿。这个人也是丰田公司的员工，后来他回忆说："几乎每次演讲前，丰田先生都会仔细地批注，并认真地准备和练习。虽然他每次演讲都非常成功，但每次演讲结束后，他都会和我交流，经常问我：'今天我哪里讲得不好，哪里出了错误'。"

这并不是丰田喜一郎故作姿态，他经常会拿着小本子仔细地将不足这处记下来，并在下次演讲的过程中努力改正。

领导对待工作，就应该像丰田喜一郎这样谦虚，及时向员工询问自己的短处，并努力改之。能够和员工坐下来一起讨论问题，并虚心求教的领导，相比那些高高在上、目中无人的领导，更能得到员工的拥护。领导在向员工请教问题时，应注意以下几点：

1. 自己不明白，一定要向员工请教

不明白就是不明白，不能装明白，装明白更容易闹出笑话，那时就真的丢面子了。特别是当领导遇到新情况、新问题，自己琢磨不明白时，一定要向员工请教。

在交际学中有这样一条定律：向他人请教，是博得他人欢心的最好方法，因为人人都有好为人师的本性。所以，领导向员工请教，不但可以丰富自己的知识，而且还能赢得员工的好感，一举两得，何乐不为？

2. 越是碰到难题，领导越要向下属请教

管理的本质就是解决工作中的难题，所以，领导的工作不可能一帆风顺。当领导遇到问题时，不要认为连自己都解决不了，下属更没有办法。其实不然，"一个篱笆三个桩，一个好汉三个帮"。越是在困难的时候，领导越要得到下属大力的支持，越要与下属合作，这个时候，领导能虚心地向下属请教，会极大地激发下属的热情，并竭尽所能为领导排忧解难。如此一来，即使下属最后没有帮上领导的忙，但患难与共的种子已经深埋在下属的心中，这对协调上下级关系是非常有利的。

3. 认为自己没错时，更要向下属请教

当自己对一些事情没把握、拿不准的时候，向下属请教是比较容易的。如果领导认为某件事有十足的把握，且信心满满，那再让他向下属请教就比较困难了。许多时候，当领导对自己的决定深信不疑时，这个决定往往是错误的。为了稳妥起见，领导即使对某件事有一定的把握与信心，也要虚心向下属请教，毕竟集思广益，对决策没有一点坏处。

不懂装懂，还是不懂，与其死撑面子，不如虚心向下属请教。俗话说："闻道有先后，术业有专攻。"领导不是样样精通的专家，在工作中多向下属请教，不但不会有损自己的威信，而且还能提升自己的形象。

少些领导作派，说话更受听

说话是一门讲艺术的学问，一个人在表达自己观点的同时，也会暴露其自身的弱点。对于领导而言，在面对下属或者一件事的时候，会不自觉地表现出领导作派，或是从中挑毛病，或是借机显示领导权威，并且通过语言表达出来，虽然自我感觉良好，却常常会伤害到别人，这是一种很糟糕的职场习惯。所以，做领导不受人待见往往是因为说话太拗，喜欢站在自己的角度看待、解决问题。

小郝在一家化工企业驻外办事处从事销售工作，办事处有8位同事，办事处经理刚辞职创业去了。由于小郝工作认真，业绩突出，被销售总经理提拔为办事处主管，负责整个办事处的业务工作。当了领导以后，小郝说话的风格也改变了。面对昔日的同事，他经常表现出领导的作派，让同事很不适应。一次，两位同事因一些事情产生了矛盾，他不得不出面调解："你们在公司搞事情，就是违反了公司纪律，一会儿每人给我写份检查。"结果，一位同事回了一句："这里没有你的事。"另一位同事也说："你少管我们的闲事。"这让小郝很尴尬，他觉得自己这个领导当得好失败。

为什么小郝升职后，在解决一些问题时，与下属的沟通会变得很茫然？这是因为他之前没有扮演过领导角色，上任后想快速转变自己的身份，在处理同事间矛盾的时候，领导作派很足，让同事难以适应。

作为领导,不管是解决下属之间的矛盾也好,还是解决工作中的其他问题也罢,说话绝不能太拗,太个性了,要因情因人采用不同的话术,其间一定要摆正自己的位置。尤其是在处理工作上的一些事情时,说话要掌握如下要点:

1. 启发下属讲真话

与下属谈话进入正式话题前,一定要有对下属生活方面的关心话语,没有人愿意与毫不关心自己的人进行真诚的交流。"小王,家里老人和孩子都好吧""小刘,最近婚礼准备还顺利吧""老李,最近睡眠质量还好吧",这些话会瞬时拉近彼此间的心理距离,增加下属对自己的信任。如此,他们才愿意坦诚相见。

2. 不妄加评论

领导在听下属的讲话时,不要轻易地发表批评性意见。假如要做评论,应该在谈话的最后阶段。评论形式以认可、建议和规劝为主,让下属易于采纳和接受。"你刚才说到的某点我非常认可(赞成、欣赏),我建议你可以在第二点继续努力提升,第三点可以缓一缓,等条件成熟时再进行,成功性可能更大一些。"这种方式比较委婉。

3. 给予间断性鼓励

当下属因工作困顿出现消极情绪时,没有讲话的意愿,我们要给予理解和换位思考形式的安慰,在语气、用词时需要慎重。如:"老张,最近把你累得不轻啊!没干过咱们这份工作的人可体会不到这一点。你一定也有不少想法,能给我说说吗?也许我能帮到你。"

4. 控制自己的情绪

下属在谈话中,可能会出现抱怨、批评的言语,客观上有责备领导之意,这时我们要头脑冷静,避免情绪激动或为自己进行解释。造成下属以为得罪上级,对以后的谈话持有防卫态度,造成管理沟通不畅。

可见,领导在沟通中一定要扮演好自己的角色,只有与下属进行融洽的沟通,才能达到监督、参与、指示和培养下属的目的。

第 2 章

与客户沟通，好开场带来好结果

客户沟通渗透在与客户交往的每一个环节中，没有沟通，就没有了人与人、企业与客户之间的交互作用。许多时候，与客户见面，工作上的"正经"事儿不会很多，几句话就谈下来了，而如何说好那些看似与工作无关的客套话、场面话往往才是最考验人的。

沟通力 12项修炼

与客户沟通，万莫吝啬你的"礼"

不管你身处什么职位，从本质上讲，人与人之间都是平等的，在处理与客户之间的关系时，这是最基本的观点。不管客户重要不重要，都具有独立的人格，领导不能因为客户有求自己，就肆意损害对方的人格，这是领导最基本的修养和对下属的最基本的礼仪。否则，权力意识过强的领导令人讨厌。

世界上没有人不受礼节的感染。要想完善自我，追求卓越，就最好将下面这句话当座右铭，并循此座右铭而行："礼貌造就人。"

做领导的，谁都想在与客户的沟通中顺风顺水，谁都想做出一番事业，拥有成功的人生，而这前提就是要在做人时注意"礼"的运用。有"礼"之人会注意形象，有教养、不树敌、彬彬有礼、言谈举止诚恳谦和、待人接物大方得体。在做人时塑造出完美的形象，自然而然，沟通时也会事事顺心，一帆风顺。

礼多人不怪，是人之常情。老李是不善客气的人，又患有高度近视，十步以外，看不清来人的面貌，对于熟人，只会听声音来辨别他是谁，因此不熟悉的人，往往误会他是自大成性。他为补救自己的缺憾，即使让服务员倒茶，也总是加上"请你"，或"谢谢你"，有人来到面前，有所陈述或要求，他总是起立，绝不坐在椅子上，有时还称他们先生。这些举动他们未必发生好感，但相信至少不会产生恶感。

彭某是某公司的老板,一些客户去见他时,他不但坐着不动,也不屑回一声,而且不肯注视对方,来人只好站在旁边说话。这个人真是架子十足,有时碰到他不高兴,或认为你说的话不对,他竟始终不开口,好像听而不闻,也始终不看对方,好像视而不见,对方落得一场没趣,只好悻悻退出。他对客户如此,对其他下属,当然可想而知。就是对待朋友,同样也是有着爱理不理的神气,实在令人难受。在他得势的时候,大家只敢在背后批评,当面还是恭维,还是奉承,但心里都反对他。他种了这种恶因,后来形势逆转,一时攻击他的人非常多,当然可能还有其他重要原因,然而平常待人傲慢,至少是个辅助条件。

在与客户的合作过程中,做领导要多结人缘少结人怨,而多礼便是一件必要的工具。礼是人为的,是后天的,必须用心去学习,学习使人养成习惯,如此,多礼便能行无所碍了。

比如,在对客户说话的时候,要力求避免采取自鸣得意、命令、训斥下属的口吻说话,要放下架子,少打官腔,语言、声调要亲切、平和,以平易近人的方式对待客户。

孔子说:"不学礼,何以立。"孔子的所谓礼,并不是单指礼貌而言,但是礼貌必在其中,这是可以肯定的。言语行动,音容笑貌,都要注意,文质彬彬,然后君子,礼多人不怪。从为人处世方面来讲,礼多可足以表示你是位君子呢!

"谦谦君子,赐我百朋。"礼多不怪,原是为人做事之常情,所以在与人沟通时,万莫吝啬你的"礼"。

沟通力 12项修炼

做好场面人，先要说好客套话

客套话，又叫应酬的话，经常被冠以"假大空"，如果人与人相处过分直接或赤裸裸，双方恐怕都不自在。所以，客套话是一种让人听上去感到很舒服的说话方式，是一种人际沟通技巧，体现的是修养、礼仪。

每个单位的氛围不一样，做事方式不一样，大家客套的方式也不尽相同。作为领导，每天要应付各种场面，与各种客户打交道，不仅要能听懂各种客套话，也要学会讲一些客套话。这样，既体现礼节，又能热络场面。

1. 尊重客户，要多讲客气话

在与他人客套的时候，要特别注意以下几点：

一是要把"请"字和"您"字时时挂在嘴边，即使是对要好的朋友、亲近的人和熟人也应该是这样。

二是要多用表示敬意的称呼语，即使对小孩也应该用"小朋友""小同学""小乖乖"之类的称呼。

三是要多用"对不起""劳驾""给您添麻烦了""真不好意思"之类的客气话。在你的言行举止上有损于别人的利益或可能给别人带来不悦时，要及时表示歉意。

四是要把带命令和要求语气的祈使句改为带商量口气的疑问句。如，"请把那个活动方案递给我"。此句最好改作："帮我递一下那个方案，可以吗？"

五是要多用感谢语，即使是亲朋好友，甚至老夫老妻之间也应该常常使用"谢谢"这个带有甜美意味的词语，以示相敬如宾。

2. 善待客户，要多讲体谅话

如果习惯善待他人，那体恤之言会自然而生。像下面这些话就可以看作是比较典型的体谅语了：

"这件事你这次没能做好，是因为你缺少经验。我知道你已经尽了很大的努力，相信以后你一定会做好的。"

"今天这件事不能全怪你，我也是有责任的。"

"你不必为此事难过，要是换了我，恐怕还不如你呢。"

"这件事你不必往心里去。我知道你是一片好心。做这种事谁能没个闪失呢？"

当别人心情沮丧、陷入困境之时，这一类饱含体贴、宽解的话语最能给人以慰藉、温情，最能使对方放下思想包袱重新振作起来。要想从心底里自然流露出这些解人意、暖人心的话语，必须学会遇事设身处地替别人着想，对别人一时出现的闪失和疏忽表示谅解。当你这样想这样做并且诚恳地说出一些感人肺腑的体谅语之后，对方一定会非常感激。

3. 欣赏客户，要多讲称颂语

在平时的工作中，用来夸奖、赞美别人的称颂语一定要舍得说，要及时地说，要真诚地说，要言必由衷地说。千万不要因为自己是领导，就看不到下属的优点，讲不出赞美之辞。

讲称颂语时要注意的一点是，对于比自己地位低、资历浅、年岁小的要多夸；反之，对于比自己地位高、资历深，年岁大的人，称赞时则需稍稍谨慎一些，以求取得好的效果。无论是什么人，不管他的地位有多高，学问有多深，名气有多大，甚至是一些知名的人物，都毫无例外地需要得到别人的欣赏和褒奖。

当然，讲称颂语最好是因人因事因时因地灵活机变，尽可能即兴讲出你独到的见解和不俗的新意来，言不由衷，人云亦云，泛泛的敷衍之辞，是不会收到好的效果的。

客套话是一种精妙、实用的语言，不是所有的语言都可以变成套话的。首先，套话应该是先锋的词、时髦的词、响亮的词、上口的词、精致的词。在内容上不一般，读起来气势恢宏，流畅自如。其次，套话应该是正确的词，大家都认可的词，说上一千遍都不会挑出毛病来。不成熟的话，有漏洞的话，过头的话，似是而非的话，是不能作为套话的。再次，套话须符合下属的口味。大家喜欢短句，套话里的短句就应多一些，大家喜欢长句，套话里的长句就应多一些。总之，领导讲客套话，不但要让人受听，而且要侧重于尊重人、体谅人和欣赏人，不能为了客套而客套。

善于没话找话，有的聊才不尴尬

见了面没话说，是一件很尴尬的事。有些领导性格腼腆，和熟人、下属交流没有障碍，但是在重要场合，或是与重要的客户交流，神经会绷得很紧，经常是简单地寒暄几句，就直奔主题，不善于调节气氛，正事谈完，就没有了下文，没有其他的话说。

因为自己不善于"没话找话"，给对方的感觉就是高冷，这就很难给客户留下良好的印象。所以，领导要学会在陌生客户面前没话找话，既要讲好开场白，又要让双方有的聊，而且聊的内容不低俗，对方也感兴趣，这就需要用点心思了。

如何做到一点呢？可以试着从以下几个方面入手：

1. 谈一谈金钱

没有人对金钱不感兴趣，说不感兴趣那是假话。和客户交流、合作，最终还是绕不开一个"钱"字。但怎么谈钱，是个学问，一上来就吹牛，公司多有实力，一年赚多少钱，这个没有人愿意听。如果你和他讲，怎么省钱，通过某个渠道如何赚钱，那他的兴趣就大了。如可以说："张经理，我们公司有一个节省电费的好方法，一年节省电费支出上百万。"他定会竖起耳朵听你娓娓道来。

所以，和客户没话说的时候，首先要从"钱"字上做文章，他有钱，要和他谈省钱，他缺钱，就和他谈赚钱。

2. 拍一拍马屁

每个人都喜欢听好听的话，客户也不例外。因此，赞美就成为接近顾客的好方法。要想让赞美与众不同，就要从他身上找到别人忽略的赞美点，这样马屁拍起来才响，也能显示你的诚意。如王老板事业有成，几乎所有人都赞美他"有能力""成功人士""大企业家"，那你赞美他："哦，王总真是深藏不露，真不敢相信，这是您的书法作品。光靠给人题字，一年也能赚上百万吧。"说得好听点，这是赞美，其实就是拍马屁。不管拍谁，都要有诚意，不能假惺惺。

3. 卖一卖关子

现代心理学表明，好奇是人类行为的基本动机之一。美国杰克逊州立大学刘安彦教授说："探索与好奇，似乎是一般人的天性，对于神秘奥妙的事物，往往是大家所熟悉关心的注目对象。"那些客户不熟悉、不了解、不知道或与众不同的东西，往往会引起人们的注意，领导可以利用人人皆有的好奇心来引起客户的注意，适当卖一卖关子。

如，可以对客户说："老李，您知道世界上最懒的东西是什么吗？"客户感到迷惑，但也很好奇。那你可以告诉他："就是您藏起来不用的钱。它们本来可以购买我们的空调，让您度过一个凉爽的夏天。"如此，制造一种神秘气氛，定会引起对方的好奇。

4. 打一打旗号

告诉客户，是第三者要你来找他的。这是一种迂回战术，因为每个人都有"不看僧面看佛面"的心理，所以，大多数人对亲友介绍来的人都很客气。如："何先生，您的好友张安平先生要我来找您，他认为您可能对我们的办公设备感兴趣，因为，这些产品为他的公司带来很多好处与方便。"

打着别人的旗号来推介自己的方法，虽然很管用，但要注意，一定要确有其人其事，绝不可能自己杜撰，要不然，客户一旦查对起来，就要露出马脚了。

除此之外，还可以聊一些有名公司，或是行业内知名人物的故事。只要和对方有的聊，而且能聊在一个频道，那彼此之间的好感度就会上升。一回生，二回熟，下次见了面，就是老朋友。

赞美要选时机，更要找对"点"

在平时，我们经常看到这样一个场景：当一个大卖场开业，或是举行庆典活动时，很多单位会表示祝贺，并送来贺语彩条。试想，如果这件事情过了十几天，再表示祝贺的话恐怕是为时晚矣，用俗语讲就是"黄花菜都凉了"。

同样道理，我们在跟客户打交道时，也要掌握恰当的赞美时机。例如对方刚刚谈成一笔大生意或者得到了一个荣誉，这就是一个很好的机会。

销售员小张的客户李总是一家游戏公司的总裁，刚刚在国际动漫游戏博览会上被评为"十大风云游戏运营商"之一。可是销售员小张为人非常实在，在博览会进行期间虽与李总有过多次接触，却没有对其说上一句恭维赞美的话。后来小张的同事小赵抓住了与李总沟通的机会，对其这次获得的荣誉大加赞赏，言语之中无不透露出佩服仰慕之情，把李总捧得满心欢喜。

当然，这种时机不是说有就有的，如果没有的话，应该怎么办呢？那就去寻找。倘若客户就给你五分钟时间，你应该赞美些什么呢？这是许多人都会遇到的一个问题。

1. 赞名字

当我们用心想赞美对方的名字时，就一定会迸发灵感，或整体解释、或分拆解释、或加以联想……发现其名字中的特点，夸赞一番。

2. 赞职务

"三百六十行，行行出状元"，任何一个行业的从业者都有值得称道的精神和职业素养。拿到客户的名片，我们可以看看在职务上有什么值得称道的地方。

总经理——真是了不起啊，这么年轻就开始管理企业了！

技术工程师——聪明人，栋梁之材啊！

校长——我佩服有领导才能的人，更佩服有文化的人，您二者兼而有之，真是了不起啊！

教师——人类灵魂的工程师，值得我们所有人尊敬！

……

3. 赞单位

不同性质的单位都有各自的特点，都是可以夸赞的。客户属机关单位可以夸，属外资企业可以夸，属内资企业依然可以夸，如此等等。

机关单位——现在幸福感最强的应该就是公务员吧，多好啊！听说现在很多高薪白领都辞去工作，一心要考公务员呢！

知名外企——是不是智商非常高、特别有才能的人才可以进入到您这家公司？说是"万里挑一"不过分吧！

内资企业——听说凡是要进入到您所属的这家公司，不仅要求有才，更是需要一流的人品，当初您进入公司想必也是过五关斩六将最终脱颖而出的吧！

任何时候，对任何人，真诚、适时的赞美，于人于己都是一件快乐的事。美国心理学家威廉·詹姆斯说："人类枉性上最深的企业是期望被赞美、钦佩和尊重。"在平时与客户交往中，领导要学会寻找客户身上的一些赞美点，如果实在找不到，那就从以上三个方面去赞美对方。这些赞美点不空洞，赞美得好，赞美得适时，会快速赢得对方的好感。

幽他一默，关系也能近三分

在茫茫人群中，每个人都有自己的特点，同时每个人都有自己欣赏、崇拜的人。可是在这些人群当中，有一种人是最受人们欢迎的，那就是具有幽默感的人，这种人不管在朋友圈子中还是在自己的客户圈中都能够左右逢源。

幽默是一门艺术，它是智慧的化身，同时也是财富的化身。在我们的生活中，它有着神奇的作用，无论在任何场合，它都可以化解尴尬、愤怒，面对严肃、冷淡的场面，它可以起到调剂的作用，让一切不太和谐的环境马上变得活跃起来。

在约见客户的时候，我们幽默的语言往往能够起到事倍功半的效果，第一次见面如果我们能够用幽默的语言做开场白，那么，客户的注意力肯定会被我们所吸引，在客户找出各种理由拒绝我们的时候，如果我们用幽默的语言顺着客户的话语继续诉说，会发现原来与客户沟通并不难。

王强是一家保险公司的客户经理，很受部门员工的欢迎，是公司出了名的"最佳人缘"，同时他在公司中的业绩也是一直遥遥领先，很让同事们羡慕。其实，王强的保险业务之所以做得这么优秀，和他幽默风趣的说话方式是分不开的。有一次，王强去见一位女性客户，客户说："我考虑一下再说。"其真实想法是："你这样的人我遇到的多了，我就是不打算买。"王强看出了客户的意图,很幽默地说:"您慢慢考虑一下也行,反正我就每天在你们家等着,帮你们家看门。"

客户:"呵呵!别开玩笑了"

王强:"哈哈,当然这只是开玩笑,我要是这么做的话,那我岂不是只能喝西北风了!您为什么现在不考虑购买呢?明天我就要去别的地方见客户了,下次来您这儿,要几个月后以后,早点投保,可以让您的孩子早一点得到保障,这是一件多么好的事情啊。"

客户:"您说的确实没错,这么重要的事情我需要与先生商量。"

王强说:"看得出来,您非常尊重您的先生,我想您的先生一定会非常高兴的,不过您如果今天做了这个决定,您的先生一定也会非常高兴的,一方面保障了您孩子的健康,另一方面也可以强迫您进行储蓄,让全家人共同受到保障,将来退休了,您就可以无忧无虑地享受幸福的晚年,想到这里我都会感到非常兴奋。"

客户:"呵呵,您说的真没错,万一我的先生怪我怎么办?"

王强:"相信您的先生一定是一个非常会生活的人,万一他生气了,那就让他骂我好了。"

在这个案例中,王强不仅表现出优秀的口才,而且语言幽默,虽然客户之前是拒绝的,但是他没有放弃,用幽默的语言瞬间拉近了与客户的距离。如果王强听到客户的拒绝后放弃这次的谈话,日后再来拜访这样的客户的话,事情可能会变得非常棘手。

这个时候,如果运用其他的语言处理的话,效果不会非常得好,客户是不会说出其不购买的真实原因的。而用幽默的语言,却可以轻松打开对方的心扉,这样和客户之间的沟通就会变得非常顺畅,从而真实地了解了客户的真实想法。

爱尔兰著名作家萧伯纳曾经说过："幽默是一种元素，它既不是化合物，更不是成品。"虽然我们用幽默可以使人开怀大笑、可以瞬间提升自己的亲和力，但是这里面却包含着深厚的智慧。有很多人认为幽默只不过是博得众人笑容的工具，其实没有什么可学可用之处，这种看法完全是错误的，它除了获得人们的笑容外，还有很多的功能。

1. 幽默一定要把握尺寸

在与客户进行交谈的过程中，我们总会遇到一些非常尴尬的局面，比如，客户为了一个技术问题在与我们争辩的时候，我们可以用诙谐幽默的语言来打破这样的气氛，给对方一个下台的机会，进而继续与客户之间的交谈。但在使用幽默时，要注意尺度，不要让幽默变了味，成了油滑，也就是我们常说的油腔滑调——它会拉低你的形象，把客户越推越远。所以，使用幽默一定要有"度"。

2. 幽默用词要温婉

好的幽默虽然听起来非常平淡，但表达的意思却深藏在其中，有很深的寓意，甚至具有一针见血的穿透力。著名作家马克·吐温有一次去法国拜访一个名人，对方为了取笑美国的历史非常短浅就说："美国人没事的时候总是喜欢想念他的祖宗，可是刚想到他的祖父哪一代，就无法再继续了。"马克·吐温马上用幽默的语言说："当法国人没事的时候，总是在想到底谁是他的父亲。"与客户的交谈，这样的幽默应尽量少出现。

和客户交谈的时候，语言要轻快，避免和客户进行争辩，随时展示自己的笑容和谈吐风生的魅力，并适当运用一点幽默，这样，有益于推动交谈的深度，能够迅速达成交易目的。所以，具有幽默个性的人往往是商场中的"东方不败"。

人各有异，好话赖话都要看对象

每个公司的经营都离不开和客户互动，每个客户都各自迥异，但如果你掌握了如何对待他们的诀窍，就能和每个客户都愉快相处。与不同的客户打交道，要使用不同的互动方式，方式不对，一些平时通情达理的客户，或是能言善辩的客户也会变得很难相处，相反，如果方法得当，即使平时一些爱挑刺的客户也有可能变成很好说话的客户。

比如，某个客户爱抱怨，不管什么事情，总爱多唠叨几句。与他们打交道时，不要因他们爱挑刺，就去刻意纠正、说服对方，那样，只会让他们变得咄咄逼人。正确的做法是：多对他们的牢骚表示体谅、理解，适当站在他们的角度说话，如，可以说"我理解你的意思……"这样，他会觉得你通情达理，也愿意与你交流。接下来，再将话题逐步转移到其他方面。

所以，在和客户交流互动前，要先了解客户的类型，然后再选择行之有效的沟通方法。

1. 害羞型客户

这类客户性格内向、沉默寡言、犹豫不决，往往举棋不定。对于这类客户应当找机会多与其谈话沟通，激发他的自信心，如可以通过提问的形式来帮助他做决定，或在他犹豫不决时，巧妙地"顺水推舟"帮他一把。在实际工作中，要与这类客户达成合作，关键是要引导他多说，并且将己方的优势，以及他感兴趣的事情讲清、讲透。

2. 急躁型客户

这类客户总是在赶时间,做事火急火燎。与他们互动,关键一个字:快。要多说短话,多讲短故事,讲多了,他们受不了。比如,和他们谈一个订单,你绕来绕去,他们就会嫌你烦,你快言快语,他们就很乐意,事后很可能会拍着你的肩膀说:真是个痛快人,我就喜欢与痛快人合作。

3. 健谈型客户

一般这种客户的谈话内容可分两类:一是喜欢驳斥和怀疑,唠唠叨叨;二是爱自我吹嘘,一有机会,他就会抢过话头。对于健谈型客户,可以适当地赞美他、恭维他,迎合他的爱好。在健谈型客户面前,要多听少说,听得越充分,赞美越到位,你和他的关系就会越近。和这种类型的客户打交道,一定要时时抓住交流的主动权,要充分引导客户随着你的方向走。具体方法是:在健谈型客户心情愉快的时候,尽快把话题切入正轨,以讲有趣故事的方式吸引对方,抓住主动权。因为健谈的人一般也都希望别人和他一样侃侃而谈,幽默风趣。这样他会觉得你这个人很有意思,很合他的胃口,自然愿意随着你的脚步与你交流了。

4. 粗鲁型客户

这类客户说话随便而且常常心情不好,很多情况下会变得具有进攻性。在他们面前,要适当忽视他的冒犯,尽量礼貌地忍让,无论他说什么,都要无视他的挑衅,并尽可能地给他提供良好的服务。

5. 冲动型客户

这类客户做决定往往很冲动,时不时改主意,又感性又肤浅,有时不能专心而显得有点儿"三心二意"。和这类客户打交道就必须明确、坚定、简练,迅速地操作而使他没法轻易地改变主意,尤其是不要提供会导致他决策改变的更多信息,而应当是简短而坚定的信息。

6. "万事通"型客户

可以说，这类客户上知天文，下知地理，没有他们不知道的事情。许多时候，他们自认为高人一等，甚至有些好斗。这是一类较难应付的客户，和这类客户不应该争论，而是在考虑公司自身利益的前提下，耐心和他们讲道理，不要让他们认为受到了人身攻击。同时，要尽量避免与其产生纷争。

7. 疑虑型客户

这类客户怀疑一切，怀疑所有人，不易妥协，往往不加考虑就戏弄他人。面对这类客户，应当通过共同的问题来表示对他的信任，不应当让他坚持或陷入挑衅之中。必须尊重这类客户的决定，并且向其提出问题以表现出感兴趣。所有提供给他的信息都必须是真实可靠的，如有必要，可多向他提供一些证明。对这一类客户应当给予赞同，但要考虑自己的立场。

8. 专注型客户

这类客户了解自己在找什么和需要什么，目标非常明确，话也很少。他们寻找准确的信息和正确的答案。应当提供他们完整且准确的答复、良好的处理，感兴趣的同时表现严肃性。不能在答复和处理时表现出不确定，并且应当在整个客户接待服务过程中保持高效。

9. 孤芳自赏型客户

这是一种自作聪明的客户，他喜欢对你喋喋不休而不是让你喋喋不休，对待这种客户最聪明的做法是倾听，并采取请教的口气和他交流。当他发表高论的时候，即使你不同意，也可以用含糊语言赞美他，然后再委婉地纠正。

客户的类型是多种多样的，自然也存在着各式各样的麻烦客户，但最重要的一点是：如果我们从一开始就学会了解客户并且与他们好好相处，我们将会赢得他们的信任。

打好感情牌，生意朋友一起做

优秀的领导者与客户交往，要坚持一个原则，即以诚相待，先做朋友后做生意。毕竟，与客户沟通不应是死板的公事公办，而应该尽量人情味一点，先做朋友，后做生意，相逢便是朋友，何必强求合作。有歌曲唱得好："朋友多了路好走。"对于任何商业都是如此。哪一种商业往来能离开人际关系？所以，如何与客户做朋友，以诚相待很重要。

在与客户的沟通中，可以采取以下沟通方式：

1. 用情感化的话语打动客户

如果对方是公司的重要客户，要经常上门与其沟通。在与客户沟通时，学会多说一些情感化的语言，用情感化的话语来感动客户。情感化的语言，主要表现在对客户的称呼和语气上，但是由于客户对情感的需求程度，因每个人的性格、经历、受教育程度等不同而有所差别，需要具体问题、具体分析。因此，在使用情感化的语言时，一定要注意因人而异，因时而异。根据不同年龄、不同性格的客户，采取不同的情感称谓与语气。比如对年龄较大的客户，可以称呼其伯伯、婶婶、大爷，对于比自己年龄稍长一些的可以称呼大哥、大姐等。此外，要注意根据当时的情境，学会用好"好吗？行吗？好呀！"等情感语气词，让客户感受到我们的真诚。

2. 用情感化的服务感动客户

情感化的服务就是在为客户提供各项服务行为时，要真心诚意、亲力亲为，既要注意语言的情感，又要注意行为的情感因素，尤其是在为客户提供服务时，要发自内心地为客户提供真诚的指导，不能装样子、做形式。尤其是在遇到一些年岁较大的客户，不能在短时间内掌握相关的方法，这时就更要有耐心和细心，要不厌其烦地进行解释和指导。此外，当客户遇到特殊困难向自己提出需求服务时，要想客户所想，急客户所急，在第一时间内想方设法为客户解难题，让客户真实感受到"贴心式"的服务。

3. 用情感化的细节关爱客户

在和客户合作过程中，逐渐与客户建立起更融洽的关系，在此基础上，如果再提供一些力所能及的帮助，多给客户一些关怀，会极大地提升客户的黏性。这样，客户将来也会更多地配合、支持自己的工作。当然，关爱客户不是无原则地为包庇和纵容客户的违规行为，而是指在客户遇到一些困难时，要能及时向他伸出援助之手，为其分忧，给他送去温暖和关爱，帮助他渡过难关。这样既体现我们的一份情谊，又体现一份责任，同时还能树立企业的良好形象。

也许有人会说，不要把客户变成朋友，成了朋友，生意就不好做了。对此，不同的人有不同的理解。客户也是人，人是情感化的高级动物，只要你倾注了情感，一定能换到对方的真心。所以，如果自己先开诚布公，坦诚待人，多理解客户，定会赢得客户的尊重，只要彼此尊重、赏识、理解，那双方不只是在谈一笔生意，而是在做一辈子的朋友。

第3章

与领导交流，高效对话源自高明方法

对上沟通是一种自上而下的沟通形式，是下级向上级领导反应情况、汇报工作、提出建议的正常渠道。一个团队内部，80%的误解与矛盾是由于上行沟通不充分造成的，所以，与上级沟通既要遵守应有的"规矩"，也要注重沟通效率。

沟通力
12项修炼

下稳得住下属，上摆得平老板

与上级领导沟通，既是个技术活儿，也是个艺术活儿。作为领导，尤其是中层领导，在工作中他们既要与下属打交道，又要与老板、各部门领导打交道，还要与政府各机关人员打交道。这种角色转变对领导者沟通能力，以及人格品质、专业技能、心理素质、管理理念、工作能力等提出了相当高的要求。

A先生是海归，能力非常出色。回国后在一家大企业做总经理助理。三年后，他跳到一家民营企业做副总经理。因为他做事雷厉风行，董事长对他寄予厚望，希望他能彻底整顿一下公司人力资源部，建立完善的人力资源体系。结果，A先生处处立威，处处树敌，很多部门的一把手都不喜欢他，嫌他说话办事太独，后来大家向董事长联名上书，要他卷铺盖回家。无奈，董事长只得让他走人。

一周后，新的副总B先生就到位了。他来自一家中小企业，没有国外深造的经历，专业与能力和A先生相比，略逊一筹。起初，所有人都不看好他，董事长也持观望的态度。逐渐人们发现，B先生为人谦和，很善于与各部门领导、员工沟通，与大家相处得非常融洽，大家也很配合他的工作。半年后，公司的各项工作基本完善、规范起来了。

如果论能力，A先生干得好才对，事实是，B先生干得更出色。因为A先生虽懂技术，但不善沟通，B先生技术一般，但善于沟通。

在公司里，除了要"稳"得住员工，领导更需要处理好与老总的关系——许多领导工作干得不开心，或是不称职，往往不是因为能力差，而是不懂得和老板沟通——不一定要去影响、改变老总的态度与价值观，但要时刻与老总步调一致，关键时刻还能主持大局，为老总排忧解难。这就要求领导在公司中能里能外，能大能小，能虚能实。否则，硬把自己当根葱，老板不拿你蘸酱也是白搭。

在实际工作中，与老板沟通时，要注意哪些问题呢？

1. 多站在老板的角度看问题

在实际工作中，部门或中层领导最先需要接触或者面对的是企业的决策者，即老板。而老板面对的是瞬息万变的市场，以及复杂多变的经济形势。所以，在对未来的把控上，在对外部环境的认识上，这些领导很容易与老板产生分歧。为了防止这种分歧出现，需要增大自己的视野，多站在老板的角度看问题、想问题。

2. 提建议少强调自己的专业

老板作为社会精英与成功人士，有时他们的思维方式与行为方式很独特。所以，在向老板提建议时，一定要有一套严谨的思路与方法，并且要考虑老板的想法，切不可自己杜撰。如果没有足够的逻辑或是充分的调研，不要过分强调自己的"专业"。要知道，专业只有在被认同后才能发挥价值，否则，专业只会成为绊脚石。

3. 在思想上和老板步调一致

要与老板保持一个步调，降低老板的高度，不可能！老板之所以是老板，就是因为他的高度。正如有句话所说：和老婆讲理，是不想过了；和领导讲理，是不想混了。老板的高度不能降低，只有拔高自己，怎么拔高？要熟悉老板的思维习惯；遇到问题多请示，多沟通；领悟老板讲话的意思；准确贯彻老板的意图。

许多领导作为公司的"夹心层"，上面是老板，下面是员工，不是说有了员工的支持，就可以悠哉悠哉了。如果老板不买你的账，反感你，讨厌你，那你还会舒舒服服坐在这个位置吗？你让老板不舒服了，他定会让你不自在。所以，除了要管好、引导好员工，争取他们更多的支持，还要做好与老板的沟通工作。

上传下达，处处搭好沟通之桥

沟通是一个把组织的成员联系在一起，以实现共同目标的手段。有关研究表明：管理中70%的错误是由于不善于沟通造成的。可见，管理离不开沟通，沟通渗透于管理的各个方面。

在员工管理工作中，几乎处处需要沟通：确立目标，达成共识需要沟通；明确职责，分工协作需要沟通；工作汇报，意见交流还离不开沟通。沟通障碍往往会造成项目多次返工，事倍功半，严重时会酿成不可挽回的损失，导致项目失败。

王杰性格开朗，他以优异的成绩从某大学毕业后，进入了一家研究食品添加剂的公司。他之所以选择这家公司，是因为该公司规模适中，发展速度较快，更重要的是，该公司刚成立的人事部门处于尝试阶段，他是加入这个部门的第一人，所以，他认为自己的发展空间很大。

到公司实习一周后，王杰就陷入了迷茫。这是一家典型的家族式企业，企业中的关键职位基本都被老板的亲戚把持，各部门间充满了裙带关系。而且，老板还安排自己的外甥为王杰的上级，而此人主要负责公司产品的研发工作。在他的观念中，只有技术才最重要，人力资源管理可有可无。但是王杰认为，他越是不注重人力资源开发与管理，自己的发展空间越大，因此，他决定找老板谈一谈关于公司人力资源管理方面的问题。

一天，他走进老板的办公室，说："我到公司已经一周多了，我有一些想法想和您交流下，您有时间吗？"

老板很热情，说："来来来，小王，本来也想找你谈谈，只是最近一直在忙，把这件事情给忘了。"

"老板，对于一个企业来说，要想持续发展，必须在管理上下狠功夫。依我对咱们公司的了解，我认为公司目前最大的问题是职责不明，员工的自主权力太小，缺少对公司的信任。当然，员工薪酬结构也不太合理，随意性太强，所以薪酬的公平性与激励性都比较低。"

老板听过之后，说："你说的这些问题公司确实存在，但你必须承认，受公司规模限制，我们不需要像大公司一样，处处按制度办事。"

"但是，您知道许多家族企业都是败在管理上。"

"咱们先不探讨这个问题。对了，你能拿出方案吗？"

"哦，没有，我想用不了几天，我就可以搞定。"

"那好，我等你的方案。"

三天后，王杰把自己草拟的方案递交给老板。结果一周过去了，也不见老板回复他。于是，他又去找老板谈这件事，结果吃了闭门羹。老板说："你的建议虽然很好，但是不适合我们企业。"

王杰很迷茫，尴尬之余，他不知是走是留。

这是一个典型的由于企业缺乏上下级沟通机制，而导致的沟通失败的案例。王杰满怀信心地把自己的方案递交给老板，但老板对此反应很冷淡，严重挫伤了王杰的积极性。这里，既有老板的原因，也有王杰沟通方式的问题。

王杰到公司才一周，以前也没有任何经验，所以，他一口气提出许多问题，对于在商场打拼了多年的老板来说，会觉得他"异想天开"，所以，从心理上不重视他的建议。再者，他没有针对公司的具体问题，拟定可行的方案，只是参考一些大公司的做法，方案让人很难信服。再就是，他没有仔细描述事实，只是给出了自己的一些主观评价，在老板看来，更像是抱怨，而非建议。

对于中层领导来说，在管理工作中，能否与上下级进行高效沟通非常重要。所以，在平时要善于搭建沟通之桥。

1. 与高层沟通：争取大多数支持

高层，可以是老板，可以是董事长，也可以是董事会。对企业来说，高层的权利非常大，一般拥有公司最高的经营决策权，比如决定公司经营方针、投资方向、财政预算、任命重要岗位领导人及裁决企业内部纠纷等权利。所以，如何与高层进行沟通，把自己的思想和经营理念传递上去，得到公司高层的认可，关系到自己的职业前途。

公司的董事会一般达成决议的原则是少数服从多数，董事会的决定就是集体的决定，它比个人的决定更具有客观性，它不会因为个人的喜好、个人的偏见决定某些事情，而且董事会的决议一般是比较完善的。

那如何争取大多数董事的认可呢？可以在会前就你的想法向董事们提出，广泛了解他们的立场和态度，交换意见，争取他们的支持，如果他们不支持你的结论，可以根据他们的言论，修改你的观点，尽量使他们接受。再就是，召开董事会时，应该根据议题将你的想法、思路、依据积极地阐述出来，争取大多数董事的支持。开董事会前一般都会有明确的议题，这时，你首先亮出自己对人力资源任免的观点和思想，提出你的意见，掌握会议的领导权，引导大多数人朝你的思路走，大家都会围绕你的意见进行讨论，你的观点就会深入大多数人的心里。

2. 与部门沟通：明确职责与分工

公司的规章制度、绩效考评、招聘管理等工作都要通过部门经理得到贯彻执行。与部门经理沟通协调的关键在于，明确他们的管理职责，然后为公司制定运营政策。同时，对部门与部门之间、不同部门员工之间存在的问题进行调节和处理。

很多部门经理都是由于工作业绩突出而提拔上来的，对于管理工作可能缺少经验。可以召开相关的会议来强调他们"不是一名高级员工,而是一名管理者",或者与他们坐在一起,共同讨论他们的管理职责具体包括哪些内容。

明确了管理职责后,要让他们清楚,在哪些方面有人力资源决策权,在哪些方面有建议权,又在哪些方面有操作权。这样,部门经理就知道自己该做什么、不该做什么了,领导者可以将精力集中在公司整体的人力资源协调和安排上。

3. 与员工沟通:了解员工的心理需求

一项调查表明,员工中80%的抱怨是由小事引起的,或者说是由误会引发的抱怨。对于这种抱怨,领导者决不能掉以轻心,一定要给予认真、耐心的解答,因为有时误会造成的裂痕是永远无法弥补的。另外20%的抱怨往往是因为公司的管理出了问题。对这种抱怨,管理者要及时与员工进行平等沟通,先使其平静下来,然后采取有效措施,尽快加以解决。沟通在一定程度上可以化解下属的抱怨情绪,任何轻视沟通的念头都是错误的。

企业中最重要的资源是员工,在员工管理中最重要的工作是沟通。正如艾森·拉塞尔《麦肯锡方法》所说:"任何阻碍有效沟通的行为都是对强大公司的诅咒。模糊的想法、模糊的术语、难以渗透的公司层级,还有唯唯诺诺的人,这些都阻碍了为顾客和客户增加价值。系统化的思考、清晰的语言,以及有责任心同时鼓励异议的精英管理制度,还有职业化的目标,这些可以使一个企业和它的员工发挥最大的潜能。"

在平时的工作中,尤其是中层领导,既要做大量的说服沟通工作,还要和高层沟通,和各层面、各岗位的员工沟通,还得和自己沟通,甚至要和政府执法人员沟通。有时,还要面临员工离职时有可能带来的法律诉讼,甚至是躲在背后的员工举报。这是一项非常艰巨的工作。如果他们不懂沟通的艺术,是很难干好这份工作的。

埋头做事重要，对上交流更重要

人与人之间的好感是要通过实际接触和语言沟通才能建立起来的。一个员工，只有主动跟上司进行面对面的接触，把真实的自己展现在上司面前，才能令上司直观地看到你的工作才能，才会有被赏识的机会。

阿尔伯特是美国金融界的知名人士。他初入金融界时，他的一些同学已在金融界内担任高职，也就是说他们已经成为上司的心腹。他们教给阿尔伯特的一个最重要的秘诀，就是一定要勇敢积极地跟上司讲话。

他们之所以有这样的建议，就在于许多员工对上司有生疏及恐惧感。他们见了上司就噤若寒蝉，一举一动都不自然起来。就是职责上的述职，也是能免则免，或拜托同事代为转述，或用书写形式进行报告。

在许多公司，特别是一些刚刚走上正轨或者有一定规模的公司里，内部设有一定的管理层级，能走上管理岗位的员工，必定是有一定的业务能力，而且善于主动与沟通的人。而不是那些只会低头做事，不善与人交流的人。两者相比较，肯主动与上司沟通的员工，总能借沟通渠道，更好更快地领会上司的意图，把工作做得近乎完美，所以总是深得上司赏识。

当然，与上司沟通不是拉家常，除了话题要合适，形象要端正外，还要讲究一些沟通技巧。

1. 说话要有见识

广泛的知识面，可以支持自己的论点。你若知识浅陋，对上司的问题就无法做到有问必答。谁都喜欢与有见识，知识量丰富的人交流，领导也不例外。所以，为了获得领导的支持与信任，一定要多说有水平的话，有见识的话。为此，也可以调整一下自己的说话风格，在工作中与领导创造更多默契。

2. 沟通力求简洁

做领导的都有一个共同的特性，就是事多人忙，加上讲求效率，故而最厌烦的就是下属长篇大论。因此，要引起上司注意并很好地与上司进行沟通，应该学会的第一件事就是简洁。简洁最能表现你的才能。莎士比亚把简洁称之为"智慧的灵魂"。用简洁的语言、简洁的行为来与上司形成某种形式的短暂交流，常能达到事半功倍的良好效果。

3. 态度不卑不亢

每个人都希望得到他人的尊重，上司也不例外。下属在沟通时应尽量迁就上司，这无可厚非，但过分地迁就或吹捧，就会适得其反，让上司心里产生反感，反而妨碍了员工与上司的正常关系和感情的发展。所以，下属在言谈举止之间，要表现出不卑不亢的样子：向上司表达不满时，一定要对事不对人；与上司交流时，不争占上风；与上司讨论问题时，不以针锋相对的形式令对方难堪，多理解对方。这样，沟通结果常会是皆大欢喜。

4. 大胆提出建议

为了避免出现错误而受到责罚，经常保持沉默的下属，在上司眼中是缺少担当与责任心的人。凡事都点头称是，一切都处理得过于稳妥的人，在上司的心目中，最多只是个平庸的"应声虫"。因此，适时提出一些大胆的建议，帮助领导修正错误，可以极大地提升领导对自己的评价。如何提建议呢？关键是，思维不但要跟着领导走，而且还要走在领导前面。

职场也是江湖，沉默不再是金，在竞争越来越激烈的当下，不是只要埋头苦干、做出成绩，就能得到上司的赏识与重视。苦干是一种值得敬佩的工作态度，如果想更上一层楼，想有更大的发展，必须要有良好的沟通意识，学会积极主动地与上司进行沟通。

领任务话说得巧，工作才会干得好

领导给部下布置工作是每天都在发生的事情，有的部下因为在接受领导的工作布置时表现得当而让领导对他放心，从而放手让他去干，有的部下因为在接受任务时表现不当，而让领导对他总是放心不下，总觉得把事情交给他，心里没底。这是怎么回事？如果是你，在领导布置工作的时候，你又是如何表现呢？

小雪是一家公司的文员。一天快到下班时，她的上司走进来，交给他一叠材料。

"小雪，我明天要到市里开会，这是汇报材料，你加班把它打出来。"

小雪微笑着接过那一大堆材料，拿在手上掂了掂，又翻了翻，然后轻轻一笑，对上司说道："老板，你是不是想让我一晚上都不睡觉呀？一晚上不睡觉是小事，第二天上班打瞌睡，可不能罚我款啊……"

"你是说，你不能按时打出来？"

"我只是请求老板是否考虑给我请个帮手。"

"行，我叫小刘过来一块打。"

"谢谢领导的支持和理解。"小雪一本正经地说。

上司笑了笑，转身出去了，不一会儿，小刘就进来了。小雪和小刘一起动手，用了三个小时就把资料打好了。上司看着漂亮清晰的打印稿，直夸小雪和小刘办事认真。

从上面这则例子我们可以看出，接受工作任务时，说话是要讲究技巧和策略的，既要给上司留下好印象，又要顾及自己的能力。

有些时候，领导在给部下布置工作时，不会主动讲清楚相关要求，想当然地认为部下会懂的。作为下属，如果有不明白的地方，一定要主动提出来，否则，汇报工作时，如果在某些方面没有达到领导的要求，那领导对自己的信任度就会下降。

所以，在领导布置工作时，作为下属要做好这样几件工作：

1. 认真进行记录

俗话说再好的脑筋不如一支烂笔头，每个人都会这么想，领导在向部下布置工作时也会这么想。所以，当领导在布置工作时，如果只是用耳朵听，听完之后一声不支地就走了。领导就会在心里嘀咕："我的话他听进去了没有，我所说的他是否都理解了？"一个好下属应该在领导布置工作时，随身携带一个笔记本，当着领导的面做好记录，一来可以把领导的吩咐和要求详细地记录下来，二来让领导觉得你很认真地听他的吩咐，对他所说的话很当一回事，此时认真就是对领导最大的尊重。这样，在领导刚布置任务的时候就已经获得一个可靠的印象了。

2. 清楚领导要求

也就是要了解领导的期望，如果发现领导的期望值不是很高，很轻松就能达到，那么就积极地完成任务吧。如果发现领导的期望值太高了，在目前条件下，或者能力范围内，短时间内是难以完成的，就应该提前告知领导，对他的期望值进行约束，或者要求得到更多的资源，不要等到提交成果的截止时间快到了，才一脸忐忑地告诉领导说做不了，那样的下场是很悲惨的。

3. 问清关键细节

什么是关键细节？关键细节主要包括：工作目的，何时完成，找谁获得支持，支持者在哪里，具体做哪些事情，有什么方向性要求，为了完成这个任务公司能提供哪些资源。这些要素都是完成一项工作任务所需要用到的，如果提前知晓了，那么在完成任务的过程中就会少走很多弯路，节省不少时间，提高工作效率。会这样做的人，经常能把工作提前完成。早于领导期望的时间把成果提交上去，这就超出了领导的期望值，自然会给自己的信任度增分不少。

4. 逐一进行确认

这就像我们在饭店点菜一样，服务做得好的饭店，服务员会在客人点完菜之后向客人重复确认一下所点的菜谱清单。同样的道理，有些领导在布置任务的时候，自己脑子里也许考虑得不够成熟，就找来下属匆忙地安排工作任务了。这时候领导往往会给出一些大概的、模棱两可的要求，如果下属也模棱两可地去做，后面就有可能达不到领导的要求，从而让他失望。所以，当发现自己的领导是这样布置工作的时候，一定要在记录完领导布置的工作任务之后，条理清晰地向他逐条重复确认一遍。

综上所述，当领导交给你一项任务之时，不能只一个劲儿地点头，或者不管领导说什么，总是"好的"，而要学会领会领导的意图，学会与领导交流、确认工作。

沟通力 12项修炼

要提高能见度，就别让汇报变讨教

如何提高自己的职场"能见度"，让领导深信你的能力？那就要从开口说话、请示汇报工作开始。其实，仔细观察一下就不难发现，那些获得升迁机会的同事，都有一个共同的特点：他们很善于向老板汇报自己的工作。甚至有人说过，如果你想报复一个人，只需要阻碍他及时汇报工作就行了。

某集团公司有两位性格不同的区域经理，甲经理承担的是一个"大"区域的工作，乙经理承担的是一个"小"区域的工作。甲经理以"大"自居，工作主动性差，每次集团会议上向上级汇报工作总是被安排到最后。等到他发言时，领导们已经累得筋疲力尽，只得催促他"简单一点儿，快一点儿"说。有时候，他还没有汇报完，就因为时间不足而宣布散会了。

乙经理则敢争敢抢，不以处"小"而自卑，每周都要坚持向上级汇报一次工作，每月的集团会议上，都要办公室主任安排他首先汇报。每次汇报完，他不但谈自己的工作，还要把部门的好人好事表扬一番。一年之后，上级在评价两个经理的工作时，都觉得乙经理干了不少事；对甲经理，则有一种"不了解""不清楚"的感觉，有的甚至给他一个"干了点儿事，但是不突出"的评价。汇报工作上一争一让的相反做法，效果也就截然相反。这个甲经理，不仅自己一年的工作在评比上大打折扣，连他的下属也跟着吃亏。

所以，不管考核制度完美到什么程度，不主动汇报工作的人绝不会得到什么好的评价。一个聪明的下属，要想获得晋升机会，不仅要做好工作，而且要善于抓住时机汇报成绩。

汇报工作，这是最名正言顺地与老板接触的机会，是最直接的提高"能见度"的方法。

在实际工作中，怎么汇报工作老板更满意呢？

1. 简要描述现状

这个环节主要是介绍一下工作现状，即简单地讲解一下这项工作目前的结果是怎么样的，处于什么阶段，进展如何了。在汇报的时候，可以说"按照之前的计划，我们正在稳步推进"。

2. 介绍事情进展情况

介绍完现状，就谈一下事情的进度，如已经开展的活动处于什么进度。在汇报进度的时候，可以这样说："经过部门的努力，我们已经完成了项目的60%，余下的进度，预计月底就能完成。"

3. 说明存在的问题与困难

汇报工作的第三个重要环节，就是汇报一下目前进展的任务存在的问题，以及遇到的困难。可以这样说："项目进展到一半的时候，我们的资金出现了些问题，为了保证项目顺利进行，我们必须尽快弥补资金缺口。"通常，要讲的这个问题是个大问题，是事关全局的问题。

4. 提供解决问题的思路

就是告诉老板，要解决当前遇到的问题，你给出的解决思路是什么，并简单地阐述给老板听，并且要听取老板的建议和意见，你可以说："我们的渠道不够成熟，可以考虑与我们的客户合作，先把渠道做起来，我觉得这样可以解决这些问题，不知道领导是否同意。"

除上之外，还要讲一讲未来的行动计划。在征求老板的意见之后，需要你简单地将未来的行动计划告诉他，取得老板的认可，老板点头，你就可以行动了。如果通过这次汇报，你能够把这项工作做出成绩，相信老板对你的信任度会大大增加，会给老板留下你很靠谱的印象。

可见，汇报工作，要有重点，有逻辑，有见解，不是汇报一个结果就完事了。有重点，就不能胡子眉毛一把抓，领导平时已经掌握的内容不需要详细汇报，领导平时可能不了解或者了解不全面的，需要重点汇报；有逻辑，要求汇报有条不紊，先说什么后说什么，开头、中间、结尾讲哪些内容，都需要提前谋篇布局；有见解，即汇报要有新意，汇报的内容要融入自己的见解，即使一项工作多次提及，也要像剥洋葱一样层层进行深入研究，直到提出有一定思想、有一定深度的看法，达到耳目一新的效果。

请示领导不要张口就来

与上级领导沟通，不能张口就来。尤其是请示工作，必须要走相应的程序，讲究一定的方法。否则，非但请示得不到明确指示，还会拉低自己在领导心目中的印象分。不会请示不行，不请示就更不行了，自作主张，领导只有一种看法：你没把我放在眼里。所以，该不该向上司请示，如何请示，常常让做下属的感到很纠结。

小陈是公司运营部经理助理，最近一段时间为一场展览会的筹备工作忙得四脚朝天。眼看距展览会开幕只有一周时间了，小陈收到供应商制作的会议样本衫，打开一看，商标的颜色明显与打样有出入。他向供应商交涉，要求重做，供应商说至少需要一周时间才能做好。他很无奈，只好拿着有问题的样本衫找经理请示。经理听过他的请示后，说："事已至此，你准备怎么办？"

小陈被问住了，他想了想说："经理，我真没有想过这个问题，你说咋办就咋办？"

经理非常生气："这是你的问题，你问我怎么办？如果我现在就和老板说，样本衫出了问题，不能按时交工，那你只能和老板解释了。"

接着经理又说："既然出了问题，不管是不是你的责任，你都要在第一时间向我汇报，让我知道情况，这一点你做得很对。但是，你是我的助理，就要帮我分担责任，而不是把问题交给我就没事了。所以，当你来向我请示的时候，应当带着补救措施来，而不是不动脑子跟我要答案，除非你动了脑筋但是想不出答案！"

小陈一听，忙说："是的，我下次一定注意。"

经理说："好吧，现在你就去联系其他公司，看有没有两三天就能交活儿的，价格贵点没关系，质量有保证就行。"

"好的！"小陈大声说。

在这个案例中，其实上司并不讨厌助理向自己请示工作，而是反感他不经思考就请示。在实际工作中，如果向上级请示一项工作，自己却拿不出半点意见，不能为上级提供必要的决策信息，就不能称为请示，至多算是传达。

那么怎么向上级请示工作，才能既达到请示的目的，又让上司满意呢？

1. 本职工作少请示

一般来说，对于职责范围内的日常工作，助理完全应该自行处理，无须请示上司。只有出现了新情况，或者自己职权内无法解决的问题时，才需要向上司请示。

2. 请示之前做好预案

上司的精力也是有限的，所以助理不要事事不经考虑就请示。如果非请示不可，也要事先想好可供上司参考的预案，而不是当甩手掌柜，把问题全部上交。

3. 注意请示的时机

请示必须注意时机。比如，你想淘汰旧电脑，换台新的，如果在成本分析会上提出来，上司肯定不批；如果在上新项目时提出，理由是旧电脑影响工作效率，就有可能得到批准。

4. 注意请示的场合

请示工作还要看场合，最好事先计划一下。适合在办公室请示的事，别在外出时商讨；适合在会上讲明的事，别拖到会后；能在公司里解决的事，别夹带到应酬场合中影响交际。同一件事，场合不同，请示的效果大不一样。

除此之外，还要注意：对于超越自己管理权限和审批权限的事，必须请示，不能先斩后奏越权办理。汇报要按照分管权限，与请示程序逐级进行，不能直接找主管领导，在许多公司这是大忌。再就是请示完成后，要养成"回一回头"的习惯，向请示汇报的领导反馈任务落实情况，让上级知道你在干什么，干得如何。

学会说"不",领导面前不行也行

在工作中,领导和下属之间经常会有意见冲突的时候,有的下属据理力争,有的下属唯上司之命是从,有的下属表面服从,但在实际执行中却坚持己见。

当领导交给自己一项"不可能"完成的工作,或是领导提出了"过分"的要求,作为下属,如果实在无能为力,一定要学会说"不"。否则,应承担的结果是,工作做不好,任务完不成,结果没法交代,不但耽误了领导与自己的时间,也给领导有留下办事能力差、言而无信的印象。所以,该说"不"的时候要果断地说"不",这对双方来说都是一种保护。

1. 触类相喻,委婉说"不"

当领导安排一件事情给你,你对这件事情没有把握,那就不要痛快地答复说:"没问题。"更不要说:"这事我干不了,你找别人吧。"如果想让领导主动放弃他让你做的想法,可以委婉地进行点拨。

甘罗的爷爷是秦朝的宰相。有一天,甘罗看见爷爷在后花园走来走去,不停地唉声叹气。

"爷爷,您碰到什么难事了?"甘罗问。

"唉,孩子呀,大王不知听了谁的教唆,硬要吃公鸡下的蛋,命令满朝文武想法去找,要是3天内找不到,大家都得受罚。"

"秦王太不讲理了。"甘罗气呼呼地说。他眼睛一眨,想了个主意,说:"不过,爷爷您别急,我有办法,明天我替你上朝好了。"

第二天早上,甘罗真的替爷爷上朝了。他不慌不忙地走进宫殿,向秦王施礼。

秦王有些不高兴,说:"小娃娃到这里捣什么乱!你爷爷呢?"

甘罗说:"大王,我爷爷今天来不了啦。他正在家生孩子呢!托我替他上朝来了。"

秦王听了哈哈大笑:"你这孩子,怎么胡言乱语!男人家哪能生孩子?"

甘罗说:"既然大王知道男人不能生孩子,那公鸡怎么能下蛋呢?"

甘罗的爷爷作为秦朝的宰相,遇到了皇帝不可能做到的请求,却又找不到合适的办法拒绝。甘罗作为一个孩童,能如此得体地拒绝秦王,并让秦王不得不放弃自己的无理请求,实在是大出人们的意料。

也正因为如此,秦王才有"孺子之智,大于其身"的叹服。以后,秦王又封甘罗为上卿。现在我们俗传甘罗12岁为丞相,童年便取高位,不能不说正是甘罗的那次智慧的拒绝,才使秦王越来越看重他。

2. 佯装尽力,不了了之

如果领导没有其他的合适人选,必须让你去做一项很艰难的工作,实在拒绝不得,那就先答应下来,并尽力去做。同时,要向他反馈其间遇到的难题。如此,上司看到你已经尽力了,但还是不能达到他的预期,他可能会主动放弃自己的要求。

比如,当领导提出过分的要求后,可以这样答复:"您的意见我懂了,请放心,我保证全力以赴去做。"过几天,再汇报:"这几天刘经理因急事出差，要下周才能回来，到时我再向上汇报。"又过几天，再告诉领导："您的要求我已转告刘经理了，他答应在公司会议上认真地讨论。"尽管事情最后不了了之，但你也会给领导留下好印象，因为你已造成"尽力去做"的假象，领导也就不会再怪罪你了。

通常情况下，人们对自己提出的要求，总是念念不忘。但如果长时间得不到回音，就会认为对方不重视自己的问题，反感、不满由此而生。相反，即使不能满足领导的要求，只要能做出些样子，对方就不会抱怨，甚至会对你心存感激，主动撤回已让你为难的要求。

3.利用掩护，巧妙拒绝

例如，你被领导要求做某一件事时，其实很想拒绝，可是又说不出来，这时候，你不妨拜托其他两位同事和你一起到领导那里去，这并非所谓的三人战术，而是依靠群体替你作掩护来说"不"。

首先，大家商量好谁是赞成的那一方，谁是反对的那一方，然后在领导面前争论。等到争论一会儿后，你再出面含蓄地说"如果这样的话，事情真的不好办"，委婉地说出自己的想法。

这样一来，你可以不必直接向领导说"不"，就能表明自己的态度。这种方法会给人"你们是经过激烈讨论后，绞尽脑汁才下结论"的印象，而包括领导在内的全体人士都不会有哪一方受到伤害的感觉，从而领导会很自然地自动放弃对你的命令。

做工作难，许多时候难就难在必须要完成上司的"指示""命令"：不接受，怕被冷落，被说业务能力差；接受，又无能为力。这时，说"不"就显得非常重要了，说"不"不是生硬地拒绝，而是要委婉地表明自己的观点与立场，这样不会让上司太难堪，又不失上司信任。

第4章

谈判交锋，心理博弈加上策略互动

谈判不仅是一门艺术，也是一门科学，渗透了心理学、商务学、营销学等知识，而且还是一种博弈，唇枪舌剑背后是策略的互动。所以，善于谈判的领导者在谈判桌上说的每一句话都是斟酌过的，都是在表达某种诉求，向对方传递某种信号。

妥协不是错，关键是怎么让

谈判的本质是交换，谈判者不仅仅是要得到自己想要的，还需要让出另一方想得到的。因此谈判时，经常发生让步。但让步不是没有原则和规则的，需要灵活掌握其中的章法与技巧，不然可能会被对方击穿谈判前设定的标准和底线。

谈判就是用你所拥有的交换到你所想要的，因此让步是经常发生的。但是，谈判中的让步也是有章法与技巧的，而不是毫无原则、毫无规则的让步。我们在谈判中，不仅要掌握说服对手的章法与技巧，同样需要熟练掌握让步的章法与技巧。

1. 拿捏让步幅度

举一个大家都会碰到的例子，平时购买家电、家具的时候，经常会碰到这种情况，对方出价1万元，然后让步到9000元，再到8500元，直到8200元。你可以看得出来，对方让步的幅度是1000元、500元、300元，让步幅度是递减的，幅度越来越小。

这样给购买者造成的感觉是：让步越来越难了，越来越接近底线了，到了后面是让步不了的。试想一下，如果反过来，先让步300元，再500元，再1000元，很容易让对方产生让步空间越来越大的印象，越到后面的谈判，越会认为你还有更多的空间可以让步。

做到让步幅度递减，就要掌握让出的第一步是多少，一般来说，第一步让步的幅度是最大的。如果你是卖场的经理，你的价格底线是让2000元，那么第一步让一半，也就是1000元较为合适；如果你准备让1000元，第一步让500元较为合适。这样后面的让步才可能越来越小。

比如，某酒楼为了招揽生意，推出了"聚划算"的优惠活动，如下面所示：满20人，9折；满30人，8.5折；满50人，8.3折。这样设置的价格梯度就比较合理，给消费者感觉是越来越难让步了。在给对方让步的时候，让步幅度需逐步递减。

2. 掌握让步时间

除了让步的幅度之外，还需要掌握让步的时间。在谈判中要注意的是，让步应该是越来越慢的。也就是说，第二次让步到第三次让步的时间，要比第一次让步到第二次让步的时间长，有句俗话说得很形象：磨的时间越来越长了。如果不巧妙把握好让步的时间，对方会认为你让步很容易，反倒可能增加他的期待，进而提高要求。

比如在工程产品采购谈判中，供货方要求采购方首付款必须达到50%，而采购方则坚持30%。采购方让步到35%用了两个小时的谈判时间，那么再让步到38%，谈判时间至少要大于两个小时，这就能让对方感觉到，再让步是越来越难了。

销售家电、家具，作为店老板的你在让步1000元、500元、300元时，间隔时间也应该是越来越长的，让步越少，时间越长。所以说，时间是一种很奇妙的东西，可以转化为你的压力，也可以转化为对方的压力。

3. 守住让步底线

在谈判中，需要时刻评估自己的谈判结果，并提醒自己：能守得住底线吗？这个问题，在谈判前扪心自问，谈判中实时监控，谈判后回顾检查。

曾经有一个瓷砖知名品牌组织的产品采购大会，消费者一方推举一个顾客代表与该品牌进行砍价，结果，因为让步的幅度与速度没有掌握好，该公司被砍价代表击穿价格底线，最后结果是，卖就亏本，不卖也不行。

如果在谈判中，已经到达自身底线了，有以下几种方法可以帮我们梳理谈判的节奏，不至于乱中出错，忙中出错。

其一，适当地中途休息，在谈判室外面走走，让头脑冷静一下，梳理一下思路，检讨一下是否得到了想要的，是否击穿了自己的底线。

其二，在谈判中，专门有一位同事是监督者，利用谈判中的记录、语言动作提醒谈判者：我方的底线在哪里，哪些已经超出了公司的要求。

其三，做好记录，在谈判中准备一个笔记本，记录自身的承诺与对方的承诺，然后对照自己谈判前设定的标准与底线。

4. 算好让步次数

在商务谈判中，到底应该让步多少次？这是一个值得研究的问题。台湾著名谈判专家刘必荣老师曾经举过一个案例：在一次销售谈判中，你一次性让利20万，与让利10次2万元，给人的感觉是大不相同的。为什么这样说？比如在谈判中，销售方撑到最后，让了20万元。

采购方会认为：好吧，这20万元让他让步已经很困难了，价格就这么决定吧。如果你2万元让了10次，别人会认为你还有11次、12次。所以，让步的次数，一般不要超过3次，否则就会让别人觉得你还能再让步。中国人经常说事不过三，这是有其道理的。

可见，如果不掌握让步的章法与技巧，一些谈判陷阱就变成是自己挖就的，结果就是自己陷入了自己挖的坑里，最后丧失了底线。

不懂幽默，怎么坐下来好好说话

谈判的氛围，对谈判的过程与结果影响巨大。通常，只有在诚挚友好的气氛中，宾主双方才会进行深入、顺畅的交谈，才会取得有价值的结果。所以，不管在什么样的谈判中，领导者都要学会营造良好的谈判氛围。

当有关谈判的准备工作完成后，双方人员或神态安详，或气势夺人地在谈判桌前就座时，或当他们一跨进门时，谈判气氛就基本上形成了。这种谈判气氛或冷淡紧张，或平静严肃，或热烈友好，或诚挚认真，或松垮拖拉……一旦形成某种气氛，那么这一次谈判基本上就是这种气氛，不大容易转变过来。

很多富有经验的谈判专家认为：当谈判双方人员寒暄就座时那一段时间，特别重要。在沉默的片刻，很难再用聊天来融洽气氛。这时，主客双方除态度友好、诚挚、有感情之外，最好能用语言表现出一点幽默感，这对于造成友好融洽的谈判气氛，是很有作用的。

适度的幽默对建立良好的谈判气氛有几个好处：

1. 以幽默语言创造谈判的友好气氛

谈判中采取幽默的姿态，可以缓和紧张形势，造成友好和谐的会谈气氛。双方轻松一笑的同时，也就缩短了心理距离，钝化了对立感。1972年，在中美断交20多年后，美国总统尼克松首次来华访问。周恩来总理前去迎接。在机场上两人紧紧握手。周总理说："你把手伸过了最辽阔的海洋来和我握手，25年没有交往了啊。"这句出色的外交辞令机智得体，含义丰富而友好热情。尼克松此时则说："我们都是同一星球上的乘客啊。"巧妙地表示中美双方具有共同的利益基础。双方领导人友好的初次会面为后面的谈判建立了良好的开端。几天后《中美上海公报》发表，轰动了整个世界。

2. 以幽默语言回敬对方的无礼和攻击

谈判的双方要相互尊重。不管双方代表在个人身份、地位上有多大差异，他们所代表的组织在力量、级别等方面如何强弱悬殊、大小不均，一走到谈判席上，就都是平等的。但是，有的谈判代表自恃地位高贵，或背后实力强大，在会谈中傲慢无礼，对另一方挖苦攻击，试图在气势上压住对方，迫其屈服；也有的代表自身涵养不好，谈判不顺利时恼羞成怒，对另一方侮辱谩骂。在此类情况下，如果要不辱使命，不失气节，又不致激化矛盾，使谈判破裂，被攻击的一方可以使用幽默语言回敬无礼的一方，煞住其气焰。

当年基辛格访华时，在会谈中向周总理提了一个带攻击性的问题："我们美国人都昂着头走路，而你们中国人却喜欢低着头走路，这是为什么呢？"他的话里明显地带有优越感，含着对自己国家文化的夸耀和对中国人的轻视挖苦。总理哈哈一笑，从容答道："那是因为我们中国人是上山，走上坡路，你们美国人是下山，走下坡路的缘故。"周总理巧妙地换了一个角度加以解释，赞美了我国人民的建设事业，得体而有效地维护了我国的尊严，显示出总理杰出的外交才能。

3. 以幽默的语言表达己方的意见

在谈判中，老练而有素养的谈判者常用一些委婉含蓄的辞令来暗示出自己的意见。这些暗示语的真正含义往往指向关键性问题，而用这种表面温和的方式表达出来，可以使会谈气氛显得轻松、文雅，从而使实质内容的尖锐所造成的紧张情势得到缓解，不致出现僵硬的局面。谈判代表得体运用这种语言，表现得幽默从容，文质彬彬，既交流了意见，又不伤了和气。

1984年秋天，我国外交部副部长周南与英国代表伊文思就香港主权的收复问题再次举行会谈。谈判开始时，周南笑着对英方代表说："现在已经是秋天了，我记得上次大使先生是春天前来的，那么就经历了三个季节了：春天、夏天、秋天——秋天是收获的季节。"周南表面上是就英方代表来华的时间，做关于自然现象的闲谈，但对话双方都明白，此话暗含的意思是：谈判已进行了很长一段时间，现在是得出明确结论的时候了。周南这番话讲得自然得体，既融洽了气氛，又表明了我方的意向和决心。

4. 以幽默语言进行讨价还价

在商业谈判中，价格问题是最关键的一点。双方常常在这个问题上争执不休，相持不下，都想最大限度地争取到有利于己方的价格。

世界上第一位女大使柯伦泰曾经被任命为苏联驻挪威全权贸易代表。一次，她和挪威商人谈判购买挪威鲱鱼。挪威商人出价高得惊人，她的出价也低得使人意外。双方开始讨价还价，在激烈的争辩中，双方都试图削弱对方的信心，互不让步，谈判陷入僵局。最后柯伦泰笑笑说："好吧，我同意你们提出的价格。如果我的政府不批准这个价格，我愿意用自己的工资来支付差额。但是，这自然要分期支付，可能要支付一辈子。"挪威商人在这样一个谈判对手面前没办法了，只好同意将鲜鱼的价格降到柯伦泰认可的水准。

柯伦泰用了虚晃一枪的战术,她同意对方的要价是假的,只是为了让对方明白,这样的高价苏联政府根本不会批准,即使她个人让步也是没用的。

5. 以幽默语言说服谈判对手

在谈判中,有时谈判对手固执己见,坚持明显不正确不合理的要求,这时我们可以打破思维常规,从一个人们意想不到的角度提出一个荒唐的意见,使对方一笑的同时,明白自己见解的不妥,这时再趁热打铁,就能取得谈判的胜利。

要想让双方坐下来好好说话,必须要打破紧张的局面,创造和谐的氛围。在谈判过程中,随着谈判的深入,双方可能发生分歧,或在一些具体细节上形成僵局,这种时候,幽默的作用也是不可忽略的。领导者如果在谈判中能适时地表现一些无伤大雅的幽默,那谈判本领一定会得到极大的提升。

用情绪杠杆撬动谈判进程

谈判是高情商者之间的对话,尤其在僵持局面下,谁先绷不住,亮出了底线,谁就可能处于被动。所以,领导者在面对强手时,一定要稳重,切忌慌乱、狂躁。一慌一躁,阵脚不稳,头脑发胀,言辞过激,语无伦次,漏洞百出,就会给谈判对手以可乘之机。因此,在谈判形势紧迫或不利时,要稳定情绪,思谋对策,伺机反击。

最简单的镇定方法是在谈判时略为停顿一下,如整理一下文件,品一口茶,微微地笑一笑,看一看表,斟酌一下语句,为思考对策留下一点时间。

谈判形势紧迫时,不论采取何种镇定方式,最重要的是控制自己的情绪。君子一言,驷马难追。而情绪波动,激情喷发,往往如野马脱缰,黄河决堤,致使你说出一些不应说的话,做出一些不应做的举动,而后悔莫及。

谈判中,狡黠的谈判对手有时会故意用一些挑衅性、甚至是侮辱性言辞激怒你。如果你照样镇定自若,口若悬河,他就无计可施了。如果你火冒三丈,大张挞伐,出言不逊,则可能由主动转为被动,被对手牵着鼻子走。

高明的谈判者从来不会做正中对手下怀的蠢事,他们不会做激情的俘虏,让感情牵着自己的鼻子走。他们善于在震惊、震怒、羞愤之前的一刹那冷静下来,审时度势,妙言应对,化险为夷。

有一次在人民大会堂，十几个红卫兵代表坚持要总理同意把陈毅打倒。那些红卫兵言辞激烈。

周总理始终语调平缓而清晰，对这十几名由好几万红卫兵推选出来的代表，晓之以理，动之以情。

每到关键处僵持的时候，周恩来总是平静地说："好吧，我们再换个话题吧。"

任凭那十几个人怎样吵闹，周恩来始终表现得很平静，那些人没有办法，只好悻悻离去。

能够有效地控制自己的情绪，才能在谈判中不乱方寸。即使是泰山崩于前，也能镇定自若，方称得上是谈判桌上的真豪杰。任何意气用事，都可能留下无法弥补的后患。

第一次世界大战之后，土耳其人开始扬眉吐气了，他们打败了甘作英国傀儡的希腊。而当时的英国政府却咽不下这口气，他们拉拢了法、意、日、俄、希腊，与土耳其在洛桑谈判，企图胁迫土耳其签订不平等条约。土耳其派了伊斯美出席。伊斯美这个人不但个儿小，耳朵还有点不方便。

当时伊斯美基本上是个无名小卒。英国派出的是当时外相克遵。这人长得五大三粗，声如洪钟。克遵一出场，根本不把伊斯美放在眼里，气势汹汹，不可一世。

伊斯美充分发挥耳聋的"优势"，对土耳其有利的话，他都能听见，不利的话，他都听不见，一再表示："您能表达得更清楚些吗？"

克遵大发雷霆，挥拳吼叫。但伊斯美一如既往，坐在那里，显出一副若无其事的样子。

等到克遵坐下来之后，他才不慌不忙地张开右手，靠在耳边，移向克遵,温和地说:"您刚才说什么来着,我还没听明白呢?"

克遵被弄得精疲力尽。

在洛桑的三个月里,伊斯美面对列强们以战争相威胁的局面,坚持以静制动的策略,维护了土耳其的利益。

对成功的谈判和谈判者而言,情绪是大敌。情绪化的人无法倾听,无法专注于自己的目标,也就无法解决问题。情绪化会减弱人们信息处理的能力,因为情绪化的人更关心如何给对方造成伤害,而不是达成协议和满足自己的需求,所以往往两败俱伤。

所以,那些富有经验的谈判专家们一般在谈判中都比较注重情绪控制,始终喜怒不形于色。这是他们能取得丰硕谈判成果的一个重要因素。

沟通力
12项修炼

从不满意中寻求最佳突破点

在谈判过程中,如果对方存在不满情绪,极有可能给谈判带来妨害,同时,这也意味着机会。因为聪明的领导善于从对方的不满中,寻找谈判的突破口,从而顺利化解僵局。所以,当对方表示出某种不满,或是对立情绪,领导要能及时识别,并为我所用。

有位心理学研究者在研究情绪对人谈判决策的影响时,设计实验模拟了生活中一对一买卖商品的场景,研究结果发现,在一对一的买卖谈判过程中,当买家露出愤怒的情绪时,通常会让卖家更清楚买家的底线,从而对买家做出更大的让步和妥协。

但是在商务谈判中,一些人根据经验认为,表达愤怒的情绪也可能激怒对方,而且当对方表现出"被激怒"的样子时,你无从判断对方的"被激怒"是否是假装的,此时你可能反而陷入迷惑。即使你一直在假装愤怒,当你第一反应相信对方是真的"被激怒",感受到敌意时,你也可能会反被对方"愤怒的样子"给激怒了。当双方看上去都很愤怒时,容易导致场面失控,为了处理失控场面,己方会调动一部分认知资源来处理情绪问题,此时如果对方的理智更胜一筹,乘虚而入,己方就很容易被抓住把柄,陷入不利地位。

所以,在谈判中除了要学会识辨对方的不满情绪,还要学会应对相应的场面,让自己把握住谈判的主动权。

1. 识别对方的不满情绪

当对方产生不满情绪时,即使脸上不表现出来,也会映射在言行当中，像下面几种情况，都表明对方在闹情绪。

1）突然做出出人意料的古怪行为。

2）把门砰的一声关上，或是一屁股坐下去，动作显得很粗野。

3）说不上几句话就怒形于色，或厉词相对，或用粗暴的口气应对。

4）忽然端正仪容，正颜厉色地说明自己的立场。

5）对辩论的内容，来个"偷工减料"。

6）摆出闹别扭、怀偏见、破锣破摔的态度。

2. 理性应对对方不满情绪

发现对方表现异常时，要迅速做出相应的反应，以捕捉最有利的战机。通常针对对方的不满情绪，领导者可以依下面的方法行事。

1）拿出使对方反扑的话去顶撞，使其不满顿告萎缩。

2）正在跟对方谈论时，如果发现对方一直心存不满，就要暂停谈论。

3）可以进行适当的语言刺激，进一步激发他的不满，让他得到彻底宣泄。

这么做有两个好处：一是由于不满得以发泄，就如膨胀的皮球，给针戳了一个小孔就泄气那样，不满的情绪就"顿告萎缩"；二是由于不满已经发泄，对方往往不自觉地透露不满的真正原因，可以给说服者带来许多珍贵的情报，说不定从中可以找到说服上的突破点。

4）倾听对方的不满。这是一种使之发泄不满的深层说服术，不但可以运用到言语的发泄也可以扩及到人为的发泄。

某公司规定，总经理室要全日开放，公司所有的员工可以随时找社长，或自由进出总经理室。这个创意，表面上的口号是"上有所通"，其实，真正的目的是"使它成为员工们不满的发泄口"。

又如，不少大企业，都有"顾客抱怨处理小组"。一方面，它有迅速反馈消费者意见的作用，另一方面，也是让消费者发泄不满的渠道。消费者有了尽情发泄不满的机会，对企业的印象当然不会变坏，因为，不满发泄之后，人看问题就不会那么消极悲观了，也更容易接受别人的建议。

不论是生活经验，还是心理学研究，都一致认为：当一个人感觉愉快时比他在感觉愤怒时更容易采纳他人的建议。因此当一个人发火时，即使本来好说话的人，也不会听进半句。所以说，当谈判对方表现出不满时，不宜针锋相对，要静观其变。只有头脑冷静，才能从对方的情绪中寻找到破绽，才能更理性地思考问题。

做足"前戏",入题才能说好话

正式谈判开始后,为了不使谈判太唐突,双方通常会进行一些简单的寒暄,这也是谈判的前奏,为后续做铺垫。虽然这个阶段不长,但是,它在整个谈判过程中起着非常关键的作用,它为谈判奠定了一种氛围和格局,影响和制约着以后谈判的进行。

某工厂要采购一批挖掘机配件,经过多方比较,后来选中了一个厂家。于是采购部王经理便前去谈采购价格。王经理在职场打拼多年,谈过不少生意。这次,为了压低价格,他想改变谈判战术。于是,见到对方的老板后,简单寒暄后,便问:"我们想采购这个数,你们出个价吧。"

对方说:"这个数太少了,像这种小生意,给多少钱都不想做。"王经理说:"我们还有几个厂家要谈,你也说个大概,可以的话,我们就不再找其他厂家谈了。"

老板说:"不急,你可以先找他们去谈,等你们谈完了,咱们再谈也好。"

王经理本想借此暗示老板:供货商多的是,又不差你一个,如果你想做这单生意,一定要给个实价。没想到,对方一脸的不在乎。结果,让自己变得很被动。

在这个案例中,王经理就犯了一个错误:话还没聊热,上来就谈价。这样做一来显得唐突，二来也显得缺少诚意，更像是随便来询价的，没有向对方阐明自己的诚意。

所以说，谈判时怎么入题非常重要，题入得好，不但可以消除一些尴尬，而且能营造一种轻松、亲近的氛围，这都是成功谈判的基础。在实际谈判中，入题的方法有很多，领导可以根据具体情况灵活运用。

1. 从题外话入题

你可以谈谈关于气候的话题。如："今天的天气真不错，很久没有见到这么明媚的阳光了""今年的气候很怪，都十一月了，天气还这么暖和""还是生活在这里好啊，一年到头，温度都这么适宜。"

也可以谈有关旅游的话题。如："都说广西桂林的山水甲天下，你们想不想去看看？""我国的兵马俑堪称世界一绝，没有去看那是一大遗憾。""各位这次经过泰山，有没有去玩玩，印象如何？"

还可以谈有关娱乐活动的话题。如："昨晚的舞会，大家尽兴了吧？王小姐舞姿翩翩，真是独领风骚啊！""这几天播出的抗日剧，有点意思，不妨抽时间看看。""离我们这个商场不远，有一家新开的饭店，听说现在做促销活动，改天去尝尝鲜？"

当然，也可以谈有关新闻的话题，有关衣食住行的话题，有关旅行的话题，有关名人的话题等。题外话内容丰富，可以说是信手拈来，不花力气。在正式谈判之前，聊聊大家都感兴趣的题外话，可以热络一下感情，营造轻切、自然的氛围。

2. 从"自谦"入题

一项成功的谈判，应该是双方达成协议，各有所得，互利互惠，而不是一方独得胜利，置对方于死地。也就是说，谈判的双方不管力量多么悬殊，强弱如何不均，就其关系来说是完全平等的，双方必须互相尊重。

如对方为客,来到己方所在地谈判,应该谦虚地表示各方面照顾不周,没有尽好地主之谊,请谅解,等等。也可以由主人介绍一下自己的经历,说明自己缺乏谈判经验,希望各位多多指教,希望通过这次谈判建立友谊,等等。不要以为这只是客套话,这是礼节,是修养。它有助于营造融洽友好的气氛,这是谈判得以顺利进行的重要条件。

3. 从"自炫"入题

可以在谈判前,简要介绍一下己方人员的经历、学历、年龄、成果等,由此打开话题,既可以缓解紧张的情绪,又不露锋芒地显示了己方强大的阵容,使对方不敢轻举妄动,等于暗中给对方施加了心理压力。这也是许多谈判者常用的一招,尤其与实力强大的对手谈判时,首先得在语言上拔高自己,提升自信的同时,也让对手觉得"有的谈"。否则,实力太过悬殊,不足以引起对手的重视。

谈判双方刚进入谈判场所时,难免会感到拘谨,尤其是谈判新手,在重要谈判中,往往会产生忐忑不安的心理。为了尽快消除这种心理,树立良好的第一印象,创造融洽的谈判氛围,必须要掌握入题技巧,因情因人因事因场合,说好该说的话,避免单刀直入、过于暴露。

会谈僵局变胜局，瞎谈僵局变死局

一个不成熟的谈判者遇到僵局便会动摇信心，受挫的感觉使之产生心理压力，造成思维紊乱，怀疑自己的判断能力。心理学家试验表明：陷入僵局时，弱者往往产生挫折感，怕被孤立。为了搞好关系，怕失和，怕对方，进而不知所措甚至委屈求和，丧失既定原则和原有底线。

其实，有些僵局是因为双方的分歧过大，谈判的余地不大，而有些僵局完全是策略性的，是对方人为设置的，为的是获得更多的谈判筹码。不管面对哪类僵局，作为谈判者，领导要能因具体情况灵活应对，巧妙迂回，化僵局于无形中。

1. 适当让步，以柔克刚

如果对方有意识地制造僵局，目的常在于试探对手的实力、决心和诚意，在这种情况下，如果对方的要价在允许的范围内，不妨以弱者的面目出现，一再声明己方的立场、观点和诚意，并且做一些小的让步以满足对方的虚荣心。"给面子"是打破僵局的最基本手段。所以，面对这种僵局，要学会识局，要先了解对方的意图，并做适当的让步，否则一味硬杠，僵局会变死局。

2. 坚持原则，以硬碰硬

对于那些已得到优惠条件，还要额外再剜对方一块肉的主儿，己方的底线已无可退之时，别无他法，只有坚持原则，以硬碰硬。美国谈判家约翰·温克勒说过："在你制造僵局的时候，必须是他们对于你要他们的那些东西很感兴趣的时候,否则他们会不理睬你。"当年杭州的万向节厂厂长鲁冠球与美国俄州某公司国际部经理莱尔的谈判可为一绝:美方提出在全球独销万向节厂产品。否则,停止供应技术、资金、设备、市场情报和代培工程师。不答应即收拾提包走人!鲁冠球的答复是:"请随便!随时欢迎贵公司回来继续合作!"后来中方打入欧亚更多市场,见势不妙,美方代表又携带一只栩栩如生、振翅欲飞的铜鹰作为礼品表示歉意,并真诚地说:"鹰是美利坚合众国的象征。我们敬佩鲁先生勇敢、精明、强硬的性格。愿我们的产业,像雄鹰一样腾飞全球!"当然,僵局是不可能完全避免的。一旦遇到策略性僵局应当婉转点破对方,让其明白我方不是白痴,对其目的是"洞若观火""心知肚明"的,以求尽可能理智、体面地打破僵局。

3. 审时度势,及时换人

谈判中途一般不要换人。但是由于形势的突然变化,双方主谈人的感情伤害已无法全面修复,一方对另一方不再信任之时,就要及时更换谈判代表。通过换人化解僵局,打开僵局。体育比赛、政治谈判早有先例。商务谈判也可适时使用。己方由于涉及对方人格、人权、生活习惯或民族的政治的信仰,造成失误而为对方不容,及时道歉甚至检讨,对方仍不接受时,就需要更换谈判代表了。

当谈判陷入僵局,领导除了要有足够智慧与应变能力,还要有充分的耐性。出现僵局不等于谈判破裂,但它严重影响谈判进程,如不能很好地解决,就可能导致谈判破裂。所以,出现僵局时,要学会主动求变,适当调整自己的谈判策略,让谈判向着有利于己方的方向发展。

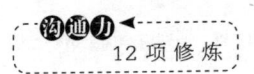

别乱了规矩，插话也要看节奏

稍有些谈判常识的人都知道，在谈判中尽量不要打断对方的话，这是对对方的一种礼貌和尊重。但是，谈判中不要打断对方的话，并不意味着始终保持沉默，倾听中适当地插话也是必要的。

因为不时地进行语言反馈，表明你一直在积极地听。同时对方也可以在你的语言反馈中得到肯定、否定或引导，这对于谈判顺利进行是有利的。在谈判中，当对方讲话时插话，一定要注意时机与说话方式。一般来说，有这样几种情况是插话的时机：

（1）对方说话稍有停顿时，可以插话要求补充说明

如："请再说下去。"

"还有其他情况吗？"

"后来怎么样了？"

像这类语言，可以使对方谈兴更浓，把更多的想法和情况告诉你。

（2）当对方说话间或喝茶、抽烟思考问题，或整理思路时，可以插话提示对方

如："这是第二点意见，那么第三点呢？"

"上述问题我明白了，请谈下一个吧。"

这类插话，承上启下，给对方以启示和引导。

（3）在对方谈话间歇的瞬间，给予简单的肯定的回答

如："是的。"

"没错。"

"我理解。"

"有可能。"

"很对。"

"我明白。"

这种插话,可以表示对对方谈话赞成、认同、理解,使谈判气氛更加融洽和活跃。但是,插话要注意频率,如果无休止地打断对方说话,同时频频改变话题,那么,会使对方感到谈判无法进行下去。

例如下面的谈判:

"请看,我厂最近生产的连衣裙款式新颖,花色美观大方……"

"说到美观大方,我立即想起我们公司服装厂生产的百褶裙,那真是……"

"这种连衣裙在国内是首创,一上市马上被抢购一空!真是难得的畅销货……"

"要说畅销货,这款衣服真是想象不到的畅销,年轻姑娘、中年妇女,甚至老年妇女也都喜欢穿,真是……"

如此打断对方的说话,会造成谈判中断停止。

插话除了要讲究时机,也要注意插话方法。通常,可以使用"重复"和"概述"两种方法。"重复"具有促使对方讲下去,明确含义,强调话题的作用。比如,当谈判对手谈及一个新的问题时,为了明确含义或者为了突出其重要性,我们可以这样来重复:

"您的意思是不是……"

"我想您大概想讲……"

"您认为这很重要吗?"

"重复"使用得及时和恰当,往往能使谈判避免停顿和中断,可以收到很好的效果。

在与条理性不清和语言组织能力较差的人谈判时,应该抓住机会对他的言语进行一定的整理,以防其杂乱无章地"开无轨电车"。这里,比较有效的整理方法就是概述。

概述应紧扣主题,突出几点,理出头绪,去掉与主题无关的废话,保证谈判的顺利进行。

比如,我们可以这样说:"听您所说,大致有这样几个问题……"然后罗列几个要点,使问题显得清晰。

概述的方法很多:

"您刚才说……"

"用您的话讲,这就是……"

"总而言之,你认为不外乎……"

这样的概述还给人以礼貌的感觉。谈判者往往喜欢别人理解自己的意思,如果你表达出他想说而没能说清楚的话,就很容易赢得他的好感,而这对谈判是有好处的。

掌握好插话时机与方法,才能不失时机地同对方展开讨论,提升谈判的效果。同时,自己说话的时候,也要留给对主插话的时机,如果你口若悬河,滔滔不绝,唠叨个没完,丝毫不给对方插话的机会,有可能会将不应让对方知道的意图暴露出来。同时,对方也会对你产生厌倦情绪。

第 5 章

会议沟通，有效方式换来有效结果

有感于繁重不堪的会议邀请，原万科总裁王石曾经说："我如果不是在开会，就是在去往下一个会议的路上。"可以说，大多数领导每天的主要工作就是开会，参加的会议不同，领导扮演的角色也不同，有时是主持人，有时负责会务，有时就是普通参与者。不论哪一种角色，都应当在会议中掌握沟通技能，做好会议沟通。

开会不要只带一张嘴

开会要靠嘴,但坐到会议桌前,不要只带一张嘴。你对会议重不重视,说话有没有分量,"行头"往往比嘴头更有说服力。有些领导开会,只带一个水杯,往那一坐就开讲,嘴上说,这个会议很重要,但话说出来,却引不起大家的重视。不是话术不行,是因为自己只带了一张嘴。

一家金融公司举行董事会议,十二名董事围坐在椭圆形的会议桌前激烈地讨论着。有十一名董事面前摆着纸和笔,而另外的一位呢?除了纸笔外,还堆满了一沓沓的文件资料,每一叠几乎都厚达十厘米。

董事们对该次会议的中心议题——有关公司经营方针的变更,纷纷踊跃发言,各抒己见,一时之间,争论四起,难达结论。在混乱当中,那位携带了大批文件资料的董事,却一直保持沉默,而每一位起来发言的董事,都会不约而同地以充满敬畏的眼光,向那堆文件资料行注目礼。

待在座人士都发言过后,主席遂请那名似乎是有备而来的董事说几句话。只见这位董事站起来,随手拿起最上面的一叠资料,简要地说了几句话,便又坐了下来。之后,经过一番简短的讨论,十一名董事均认为那最后发言的董事"言之有理",而一致同意他的意见,纷乱而冗长的争论遂告结束。

散会之后，主席赶忙过来与这位一锤定音的董事握手，感谢他所提供的宝贵意见，同时也对其为收集资料所下的功夫表示敬意。

"什么？这些文件资料和今天开的会根本是两回事嘛！这些东西是秘书整理出来的，先交给我看看，如果没有保存的必要，就要烧毁了。而我正打算开完会便外出度假，所以顺便把它们也带到了会场。至于我发表意见时手上拿的字条，不过是刚刚边听各位发言边随手记下的摘要。老实说，对这一次的会议，我事前根本就没做什么准备。"这位被"误解"了的董事做了如此解释。

平时参加会议，除了纸笔之外，大家一般什么都不带。而这一回，突然出现了一名携带了大堆资料与会的董事，令在座人士惊讶之余，自然也会让人联想到——他带了这么多参考资料出席会议，想必在事前已做了充分的准备。正因为有这种联想，所以，不论这位董事说了些什么，都会使大家觉得"有分量""言之有理"，从而毫无异议地采纳了。

领导总是会强调，开会要杜绝形式主义。如果有些形式能增强自己的说话分量，能引起大家的重视，那为什么不走一些形式呢？

形式也是工具。你只带一张嘴坐在那里讲，听别人说，和你带着笔记本在那讲，讲完边记、边听人讲，传达给别人的信号是不一样的：第一种情况，显得很随意，第二种情况较正式。如果领导开会时，再准备一些相关会议资料，多用一些数据说话，那讲话就更有权威了。

所以说，领导开会的行头也很重要，你随意了，下面的人也就随意了，你从形式上重视起来，下面的人就不敢懈怠。

开会坐前排,不做隐形人

开会,是领导平时经常参加的一种组织活动,不管是大会小会,没了领导参与,就不能称其为"会"。在会上,有大领导,有小领导,大领导讲话,小领导得听,当然不能躲角落里听,要听也要坐在前排听。开会,不是说去露个脸,列席一下就行了,那样的话,一次两次,你可以列席,第三次,就没有你的位置了。所以,在会上讲话很重要,同时,坐在哪里听也是有讲究的,值得细细琢磨。

尤其是有点规模的公司,管理人员较多,开会的时候,每个人该坐哪儿,往往体现着微妙的组织关系与人际关系。大多数人都有这样一种习惯,即开会的时候不愿意坐在老板身边,原因有两点:一是怕领导,坐在领导身边会觉得浑身不自在;二是怕同事,担心坐得离领导太近,同事会说闲话。其实,这两种"怕"都没必要。

20世纪30年代,英国一个不出名的小镇里,有一个叫玛格丽特的小姑娘,自小就受到严格的家庭教育。父亲经常向她灌输这样的观点:无论做什么事情都要力争一流,永远做在别人前头,而不能落后于人。即使是坐公共汽车,也要永远坐在前排。

对年幼的孩子来说,他的要求可能太高了,但他的教育在以后的年代里被证明是非常宝贵的。在以后的学习、生活或工作中,玛格丽特时时牢记父亲的教导，总是抱着一往无前的精神和必胜的信念，尽自己最大努力克服一切困难，做好每一件事情。

玛格丽特上大学时，学校要求5年学完的拉丁文课程，她硬是在一年内全部学完了。其实，玛格丽特不光是在学业上出类拔萃，她在体育、音乐、演讲及学校的其他活动方面也都一直走在前列。正因为如此，40多年后，英国乃至整个欧洲政坛上才出现了一颗耀眼的明星，她就是被誉为"铁娘子"的玛格丽特·撒切尔夫人。

有一位哲人说过，无论做什么事情，你的态度决定你的高度。"永远都要坐前排"正是一种积极的表现，它能激发你一往无前的勇气和争一流的精神。在这个世界上，想坐前排的人不少，真正能够坐在"前排"的却总是不多。许多人之所以不能坐到"前排"，是因为他们自己选择了放弃。

在会议中，你选择的座位已经暴露了你是哪一种人，显示你以后的职场位置如何。开会时除非座位已事先安排好，否则宜选择靠近领导或前排的座位。此举并不是势利眼的表现，而是你若故意保持距离，在他人眼中，这是欠缺团队精神与进取心的表现。

开会时，很多人往往不喜欢坐领导身边的位置，觉得拘谨，没有安全感。但其实那里才是提升自己的最佳位置。因此，去坐领导身旁的空位或前排位置，没什么不好。想要升迁的员工一定要把握在领导面前互动的机会，会议就提供了一个机会。

很多职场人大概都抱怨过"得不到领导的欣赏"。但是，当领导身边有一个空闲的位置，你不坐，偏要缩着头躲在角落里或选择靠后的座位，并美其名曰"明哲保身"，实则表现了你的"胸无大志"。自以为这个位置很低调又隐蔽，却没想到前面的同事可能会挡住自己，从而使自己处于被动地位。领导又怎会发掘那些自甘退守二线的人呢？所以，别让领导觉得你是个"隐形人"，如果有可能的话，尽量在开会时选择靠前的位置，开会坐前排有诸多好处。

1. 坐前排，是自信的体现

别人不敢坐，你坐了；别人不好意思坐，你坐了。这不仅表现了自信，更增强了自信。把这种自信带到其他工作中，同样也有相当的好处，常常会收到事半功倍的效果。如果观察一下，不难发现，每次开会坐前排的人，大都是工作积极认真、能力强、不惧怕压力，工作非常出色的人。他们的言谈举止中都充满着自信，有一种敢作敢为、敢于迎接挑战的魄力。

2. 坐前排，能赢得领导好评价

开会本身也是工作的一部分。一遇开会便往后坐，往往给人一种不认真的感觉。别人或许会认为你在逃避，坐后面是为了打发时间，应付会议。久而久之，领导和同事都会对你产生负面评价，影响你以后的工作和升迁。

3. 坐前排，是对会议的重视

坐前排，说明你对会议重视，这也从侧面反映了你的工作作风和态度。好多人开会坐在后边，因为他们对开会比较反感，参加会议只是出于无奈，应付了事。坐后面为开小差提供了便利，远离领导，可以随意聊聊天，困了还能打个盹。

开会的时候，你选择坐在哪里，往往微妙地传递出你在这个集体中的自我定位以及对于未来的目标。一个简单的座位，就能表现职场人对将来的选择，会场有几百个座位，而领导身边的座位只有一个，职场人要使用好这个"稀缺资源"，明确这个座位价值的人就比他人领先一步。所以说，开会坐前排是一种良好的习惯。

会不在长，说话也要讲时间成本

工作离不开会议，但开会也是一门大学问。开会的组织与效率能完整地体现出一个单位的基础管理水平。对于多数员工来说，会议可谓工作中挥之不去的梦魇。他们常常认为会议是无聊且没有价值的。堆积成山的文档、不着边际的闲扯、领导没有意义的讲话，所有这些混杂在一起，让人感到极其乏味。如果这些还能接受的话，那有一点肯定是难以忍受的，即短会开成长会，长会开成世纪会议。

有些领导隔三岔五开会，什么事都要拿到会上说，就是自己那顿酒没喝好，也恨不得拿到会上和大家讲一讲。小会开的随意，大会开得烦琐，会上更是稀里糊涂，啰唆了半天，结果没解决一个问题。

老徐是山里的一个猎户，有三个儿子，一次他外出打猎，不小心被毒蛇咬伤了脚。于是，他把三个儿子都叫到床头来，吩咐道："你们快给我出去找点急救药来，要不然我的命就完啦。"

老徐家做事有个祖传的规矩：无论大事小事，都要先开个家庭会议讨论讨论，这一回当然也不能例外，于是弟兄三个开了个紧急碰头会。

会议由老大主持。他慢条斯理地说了一通开会的目的和意义。最后提出一个建议：名贵的药物一般都生长在向阳的地方，大家一定要到南坡去找。老大一口气讲了一个多钟头。

老二一边伸长耳朵听，一边用手指敲着桌子，听着听着，他打起瞌睡来了。直到老大讲完，拍拍他的肩膀要他发表意见时，才清醒过来。他首先表示不同意到山南坡去找蛇药，并列举了许多事实，说明名贵的药物不一定都长在向阳的地方。然后他也提出一个建议：三个人要分头寻找，谁找到了就立即送回来，抢救爸爸的性命要紧，不能再磨蹭了。

这时候，会议已开了三个小时了，老三还没有发言。老大对他说："我们都讲了，现在就等你开口了。"老二对他说："你的讲话很重要，你讲了我们就好做决议了。"

老三眨巴着一双糊涂眼睛，半晌才说："两位兄长的高见，我认为都有道理。第一，你们的年纪都比我大；第二，你们的经验都比我丰富；第三，你们的头脑都比我清楚；第四……"末了，他也提出两点建议：一要带支火把照明；二要带根棍子自卫。要是找蛇药的人被毒蛇咬了，那岂不是赔了夫人又折兵。

会议从傍晚开到半夜，又从半夜继续到黎明，足足开了大半天，最后总算统一了认识，做出了三条决议：一、到山的南坡去找药；二、三个人分头出发；三、携带必需的自卫武器。正当兄弟三个站起来伸伸懒腰，准备按决议行事，忽然从里屋传来老徐"哎唷"一声惨叫，三兄弟大吃一惊，急忙赶到房里一看，老徐已经断气了。

三兄弟一个个痛哭流涕。老大难过地说："早知道蛇毒那么厉害，不开这个会就好了。"老二赶忙劝慰他道："不，不，不，要是不开这个会，大家都拿不定主意，怕连个决议也做不出来呢！"老三听了点点头说："两位哥哥说得都在理。下一回要是大哥也被毒蛇咬伤了，我和二哥再开碰头会讨论时，争取提早半小时结束。"

这虽是杜撰的幽默故事，但有很强的现实意义。会议不在长，话不在多，解决问题才最重要。拖沓的会议，其实是对所有参会者时间的蔑视，同时，也会极大降低以后开会的热情和效率。

在讲求效率的职场，领导要缩短会议时间，提高会议效果。会而议，议而决，决而行，行而果，这都是高质量会议的最终目的。所以，开会前领导最好规定会议开始与结束的时间，并且设定详细的议程，严格地监控会议的进行。控制时间的目的在于摆脱无聊的会议，同时能够重视"时间成本"的观念。

会上发言要亮，太俗了掉身份

对于领导来说，开会不仅是为了讨论问题、解决问题，也是一个展示自己的机会。作为会上的焦点人物，领导在发表观点、做出指示时，说话一定要有水平，有层次，要有领导范儿。因为你代表的是部门、公司，不是自己的岗位。

许多老领导见识广，经见的场面多，屁股往会场一坐，没话也能讲上半天。对一些表达能力稍差的领导来说，主持会议，或是当众讲话就有些难度了。为了让自己在会议中的发言更精彩，除了要做充分的会前准备，抱着学习的态度多听别人怎么说，还要掌握以下一些发言技巧：

1. 把握好发言时机

有句话说，成功的关键就是在正确的时间做了正确的事情。依照这个逻辑，除了"正确地说话"之外，恰当地选择说话时机也是一次成功的会议发言的关键。可以说，发言的时机选择，很大程度上体现了一个人在团队中的角色和位置。

在决议形成之前，领导或核心成员通常率先表态，而他们的意见往往会左右整个会议的走势。接下来说话的是资深员工，他们会针对先前发言者提出的意见做进一步阐释，或是赞同，或是委婉地提出不同看法。然后才轮到新人，这时留给他们的讨论空间已经十分有限，多数人只能"跟票"表态，很难再提出什么新的见解。到了会议的最后阶段，团队大佬会根据大家的意见进行总结发言,并结合他自己的态度形成最终的决议。

实际上,发言的时机更像一个"潜规则"——没有成文的规定,却实实在在地存在于每一间会议室里。试想一下,如果一个有着十几年工龄的资深员工仅仅在会议后半段表态"同意,没意见",很可能会被认为是敷衍了事,不是带着情绪,就是态度不端正;相反,如果一个职场新人在众目睽睽之下第一个跳出来说话,则很可能被诟病为"不知深浅,自以为是"。

所以,领导除了要把握好自己的发言机会,还要适时安排不同的下属进行发言,并对会议场面进行控制,让大家有平等的发言机会。

2. 要尊重他人观点

在会议上发言,尤其是占用大块时间阐述某个问题时,切忌套话、空话,要尽量做到提纲挈领,先讲主张再说理由,按照一定的逻辑把自己想说的内容列成条目,每个条目都能用几个词或者一句话概括重点。如果时间充裕,则可以在相关条目下用事先准备好的数据、材料展开论述。

如果别人刚刚谈了四条对任务量考核方案的建议,其中三条与你不谋而合。这时候,即便你针对这三条建议做了充分的发言准备,论点论据也更为有力,但无论如何也没必要展开来再重复一遍——否则只能是浪费大家的时间,并且是对之前发言者的不尊重。

再就是,当你的身份从发言者转变为听众的时候,认真聆听别人的讲话是必需的。认真听别人在说什么,适当地做些记录,在会议过程中不断调整、理清自己的思路,这些都会在很大程度上帮助你完成一个得体的发言。如果自己要说的内容,被别人抢先提及,你再次谈到它们的时候,要用三言两语概括核心观点,并且加上一些"正如刚才××谈到的那样,我还想补充一点",或者"在这个问题上,我特别赞同××的意见"。这种对他人发言的承接,不仅能强化自己的观点,更重要的是,这充分体现出你在会议上有准备、专注、尊重他人、思路清晰和富有创见的良好职场形象。

3. 观点要对事不对人

会议室是职场生态的浓缩版。在这里,人与人的关系,每个人对同一件事的不同解读,以及人们处理事情的不同方法,都会被集中在小小的一张会议桌上。面对层出不穷的状况,如何随机应变从容应对,是对情商的重大考验。

在会议上发言,切不可以为有理就能走遍天下。要知道,这种时候,用怎样的方式表达才是更重要的,尤其是在意见相左时。

某地的公务员面试中就有这么一道题:假如让你组织一次会议,在会上同时有几位同事就你的发言提出反对意见,使你很难堪,你该怎么办?当然,标准答案无外乎"虚心听取大家的不同意见,认真调查和了解各方面的情况"等等。但我们可以换位思考一下,在这个尴尬的场景中,那几位提出反对意见的同事是不是也有做得不妥的地方呢?

当别人发言时,就算你再反对、再鄙视、再想辩驳,表面上也要保持克制,不动声色。轮到你说话时,首先要提到的不是"我不赞同……",而是在对方的发言中,寻找你和他可以达成共识的部分。随后再以恰当的方式提出自己的不同意见,既达到了讨论的目的,表达了自己的想法,又不至于伤及同事。如果一定要否定别人的方案,那你至少要提出一个新的想法。毕竟,破坏总是比建设来得容易,只破不立并不能解决问题。

而所谓"恰当的方式",就是说话的艺术了,这在职场的人际交往中尤其重要。试着在开场白里,向那位和你意见相左的同事说"我认为××提到的这种方式很独特""在这次活动中的积极态度非常值得我学习",或者"感谢××对我工作的关注"。谁都好面子,因此说话的时候就必须体察周围的气氛和对方的情绪——是该直抒胸臆,还是点到为止,或者暂时搁置。

总之,要把握一个原则:针对事,而非针对人。毕竟,人在职场,大家想的都是怎么把事情做好。

4. 忌言不及义空话套话

冗长的会议除了是对与会者的一种精神消耗之外,更会导致真金白银的损失。效率是衡量一个会议成功与否的重要指标之一。一切围绕"效率"二字的规则,比如简明扼要、开门见山、主题清晰、言之有物等,都是对会议发言者的最基本要求。

为了少放空炮,提升会议效率,领导在开会前要做好发言准备,如,在进入会场前要弄清楚参加会议的都有谁?自己为什么来开这个会?会议内容大致是什么?会议要解决什么问题?针对这些,提前查阅相关数据、材料、历史记录,并且事先思考一下会议中可能遇到的问题。这样,发言时能有的放矢,把话说到关键点上。

除此之外,领导在会议上发言时,可以一边进行自己的阐述,一边注视着会场里的听众,尤其是那些直接关系到你此项工作成败的"主要听众",把自己和他们的关注点联系在一起,这样才能取得较好的发言效果。

主持会议，不懂"话术"就别充大

为了保证会议顺利进行、圆满成功，不管是什么类型的会议，都会安排专人主持，这个主持人很少是普通员工，大多是领导。一个聪明的领导者在主持会议的时候，不但清楚会议的目标、议题、议程，而且还会巧妙地控场，激励每一个人的发言兴趣，从而保证会议前后连贯，层次分明，重点突出。

领导要主持好会议，说好话，必须要注意以下几点：

1. 说话要精炼，不要重复啰唆

会议主持词一般由导语、过渡语和结束语三部分组成。导语要直奔会议主题，简介会议程序、与会对象和与会要求；过渡语要简洁自然，衔接巧妙；结束语要晓畅明快，收缩有力。大多数会议上，主持人的导语和过渡语处理得都较好，而结束语就显得冗长拖沓了。主要有两种不良倾向：一是小结部分喜欢将几个人讲话中的大小标题简单地罗列起来再重复一遍；二是提要求部分喜欢发表长篇大论，对如何贯彻是左一个明确意义，右一个落实措施，以此显示自己的水平和对工作的重视。这些做法不仅浪费了与会者的时间，而且也是对讲话者和与会者的不尊重、不信任。

在小结部分，主持人应该将几个讲话人的主要观点、典型经验进行概括提升，而不应该简单重复；在提要求部分，只要将关键环节、重点要求等讲解清楚、强调到位就可以了。

2. 要突出重点，不要轻描淡写

主持会议时，与重复啰唆相反的另一种倾向就是轻描淡写。主持人往往只有"下面开始开会了""下面请罗总讲话""今天的会议就到此结束"等几句简单的话，其他内容则一概不提。主持人还自认为这是办事爽快、雷厉风行的体现。其实，这样做并没有尽到主持人的职责，是工作不负责任的表现。

要知道，会议主持人除了发挥穿针引线、承上启下的作用外，在不同类型的会上还有着不同的作用：在学术研讨会上，要起到提出观点、引导讨论的作用；在经验交流会上，要起到肯定做法、总结推广的作用；在工作布置会上，要起到落实措施、提出要求的作用；在庆功表彰会上，要起到激励先进、号召学习的作用。主持人只有将主持内容与召开会议的目的有机结合起来，才能达到预期的效果，才是成功的主持。

3. 要恰如其分，不要夸大其词

抑或是为了表达对讲话者的尊重，抑或是为了引起与会者的重视，抑或是为了表达要求与会者贯彻执行的态度，在会议主持中我们会经常听到一些溢美之词。在只有几个人的会议上的讲话却被主持人冠之以"重要讲话""重要指示"等美名，要求与会者"坚决贯彻执行"，一般性发言也被定性为"有着十分重要的指导意义""必将产生深远的影响"。这样表达言过其实，不仅会使与会者觉得肉麻、当事人觉得不自在，还有阿谀奉承之嫌。因此，在会议主持中，用词要恰如其分。

要根据会议的级别、会议的类别、会议的规模、讲话者的身份以及讲话的内容做出恰当的评价，不得夸大其词、任意拔高。

4. 要摆正位置，不要错位越位

会议主持的主要作用就是承上启下、穿针引线，使会议成为一个有机的整体。一般来讲，担任会议主持人员的职位，既低于参加会议的最高领导，又高于与会对象。这样一个特殊的角色，要求主持人的讲话既要符合本次会议的身份，又要符合平时的身份。

一是做总结时要符合身份。在总结阶段，要对下属的讲话、发言进行适度提升，表明自己处于上级的地位，有对下级指导工作的义务和权利；而对上级领导的讲话则要尽量引用原话，重点强调，表明贯彻领导讲话精神的态度。

二是提要求时要符合身份。提要求时一般要采用命令式而不是商量式的语气，这样才有利于把工作落实到位。同时，要注意所提要求既不能与领导的讲话精神相违背，又不能凌驾于领导之上。否则，就有错位越位之嫌了。

会议主持看似无足轻重，实际上它关乎着会议能否顺利进行，影响着会议的整体效果，同时也考量着主持人的语言表达能力和驾驭局面的能力。因此，学会主持会议是每个领导干部必须修炼的一项重要基本功。

沟通力 12项修炼

把控好会议的内容与进程

为了保证会议的正常进行,一般在开会之前,领导都会写好会议议程。但是,会议是现场进行的,谁也无法预料会议现场会发生什么特殊情况。所以,领导在会场上经常需要面对一些突发情况,或是要处理一些特别的事情,这就需要领导有较强的现场把控能力及临机应变能力,在当好"传声筒"的同时,也要做好调控器。

刘经理刚上任,为了尽快进入工作状态,调动全厂的工作氛围。他隔三岔五就会开一次会,不管会议规模大小,参与者是中层管理者,还是班组长,每次会议都很沉闷,都是他一个在讲。有时,他提出一些问题,下面的人也都没有吭声。开始他不知怎么应付这个场面,经常草草收场,会议无果而终。后来,他改变了这一做法,每次提问后,都会点名某一个参会者谈谈自己的看法,这样,冷场的局面就慢慢被打破了。有时,他也会用眼神来鼓励参会者发言。

在会议中,鼓励大家发言,打破冷场,也是一种控场。像案例中的刘经理,当他点名某人谈感想时,被点名者肯定精力特别集中,而且会认真思考领导的问题。同时,其他人因担心自己会被点到,也会打起十二分的精神。

所以,会议要开出效率,开出成果,领导掌控会议的能力非常重要。为了开好会，领导需要掌握如下三种控场技巧：

1. 要控制时间

拖会，是一个老生常谈的问题，也是最令人反感的问题。这种现象虽然与事先安排不周、每个发言人没有控制好时间有关，但根本的原因，还是领导不善于控制会议时间。与拖会相反，还有一种情况就是：会议结束时间未到，会议议程就全走完了。

这两种情况都与现场控制有关。如果担心会议时间拖得太长，在讲话时要尽量压缩内容，精简自己的观点，同时，也要提醒其他发言者，要把握好发言时间，分清轻重缓急。如果会议时间充裕，可以就某些问题展开来谈，鼓励更多的人参与讨论，把问题聊透。

2. 要控制氛围

由于会议的类别不同，会议的气氛也应该是不一样的。因此，领导不能用一个腔调主持会议，或是做会议发言，而应根据会议的类型变换语言和语气。如果是小型座谈会，发言的时候语言可活泼、轻松一点，努力为与会者畅所欲言营造宽松的氛围。如果是参加较正式的大型会议，语言要朴实，语气要平缓，努力为大会营造庄重严肃的气氛。

3. 要控制局面

在一些会议上，经常会出现这种情况：一些与会人员要么迟到早退，要么交头接耳，要么接打手机，要么随便走动。这会严重影响会议的效果。对此，领导不能视而不见、置之不理，而应认真应对、及时处理，以保持会场的良好秩序。否则，就是失职。

一个领导的会议沟通能力如何，不在于他开不开会，开多少会，而在于是否善于召开高效率、办实事的会议。低效的会议、没有意义的会议，不但无助于工作的开展，而且还要浪费大量的时间。所以，领导开会不能走过场与形式，要严格控制会议内容与进程，在降低会议时间成本、人力成本的同时，提升效率。

会议总结就是说好"一二三"

在会议即将结束时,一般领导会对会议召开的有关情况及所取得的成果进行全面、客观的总结,对不能确定的或未解决的问题做出解释说明。这即是我们常说的会议总结。总结会议的水平,能彰显领导的讲话能力与思想水平,以及他所处的层次。

有水平的领导,在做总结发言时,常常不走寻常路,没那么多套话,而会针对有关情况做出精炼、精彩、精辟的,而且有一定认识高度的阐述。有些领导不善于会议总结,会议本身没解决什么问题,也没取得什么共识,在总结的时候,非要落入俗套,说"这是一次成功的会议,会议取得了许多成果……"让人听得似懂非懂,云里雾里的。要么就是对会议的精华把握不准,要么就是重复别人说过的话,再就是说一些不着边际的话,没深度,没高度。如此,整个人的形象也被拉低了。

所以,领导在会上可以少发言,但会议总结一定要讲出点水平,要体现简明扼要、全面准确、重点突出、实事求是的特点。这样,不但可以帮助与会者加深对会议精神的理解和把握,而且也有助于树立自己的形象。

会议总结没有一个固定的模式,在实际工作中,领导做会议总结时,要把握好以下几个方面:

1. 简要说明会议基本情况

这一部分主要是讲会议的进程、与会者的表现。会议进程主要是对会议进行的几个重要环节综述和分析,对每个环节实施情况做出评估;与会者会议期间的表现如何,要列举典型实例进行评述。要对会议进行了多长时间，进行了哪些议程，办了哪些事情，办得怎么样，与会者的参与程度等情况向与会者做出说明。

比如："这次会议我们传达学习了某某文件，研究讨论了某某决定，某某领导做了重要讲话，对下一步的工作做出了具体安排和部署：一是，二是，三是……这些意见完全符合我们的实际，对于促进工作具有重要意义，希望大家认真抓好落实，切实抓出成效。对贯彻好这次会议精神，我再提几点意见：一、二、三……"

2. 谈下会议取得的成果

这一部分是会议总结的重点。主要讲通过大家的共同努力，会议统一了哪些思想，提高了哪些认识，研究解决了哪些问题。要高屋建瓴地概括归纳出几条，让人听了觉得条理清晰，便于记忆。谈收获要紧扣会议主题，突出反映问题，切实符合会议的实际情况。每条收获都应有具体的事例加以说明，要注意引用与会者的发言，特别是一些好的意见、建议及具体的措施和打算，给人以具体生动的感觉。

例如："我们这次会议开得很成功，形成了几个方面的共识：一、二、三、……初步解决了几个方面的问题：一、二、三、……现在，对解决这几个方面的问题，大家都形成了一致意见，拿出了具体的对策措施，下一步关键是抓好落实。"

3. 提几条今后工作的意见

这一部分主要是根据会议精神，结合工作实际，提出实施会议主题的意见。就是对会议的传达学习、贯彻落实提出具体要求，对会议确定的目标、任务、政策措施进行分解，落实到有关责任单位和责任人。最后，用鼓舞人心的话做结尾，并对大家提出希望与要求，号召大家为实现某个目标或完成某项任务而努力工作。

不同的会议，总结方式大同小异，有些会议需要详细总结，有些需要简要总结，这要根据会议的要求、会议气氛、与会人员、时间安排等情况而定。

讲不好会议语言，哪来的高效会议

会议沟通是群体和组织相互交换意见的一种形式，是一种常见的群体活动，是组织中的一种正式沟通。其开展往往是为了进行一些信息传播，思想交流，或是解决一些问题。因此，会议因其目的是否达成又存在其有效性和无效性。

某公司计划拓展市场，董事长与总经理私下商量后，临时通知各部门负责人开会决议此事，并打算在会议中形成具体的实施方案。由于时间仓促，行政部门又没有提前接到通知，因此，会议没有在适当的会议厅中进行，而是临时在董事长的办公室内举行了。因为提前没有思想准备加上场合的不当，会议最后没有达成预期目标，各部门负责人没能提出实质可行的建议，更没有拿出具体的实施方案。会后也没有任何总结与点评，没有向各部门委派任务。

该会议没有达成有效的信息交流，没有解决问题，领导也没能根据情况给与相应的工作指导，最后也没能做出决定，没有合理地分配任务。所以，该会议是无效的。一个会议之所以无效，原因不外乎以下几方面：

1. 会上一言堂

当我们只能听到一种声音和观点的时候，会议的意义就要大打折扣。这样的会议更像做报告，完全没有团队成员之间的交流。"一言堂"式的会议让组织内充满了官僚气息，无法充分发挥每一位团队成员的智慧，无法充分调动大家的积极性、主动性和创造性。它封闭了员工与管理者的沟通渠道。

2. 议题不明确

很多时候，领导并没有想清楚"为什么要开会"，只是觉得应该"开会讲一讲"，出来刷一刷自己的存在感，所以召集大家聚到一起商量一下，而对会议的主题、目的则缺少认真的思考。有的会议虽有明确的议题，但是讲着讲着，就跑题了，想收回来的时候，却发现已跑出了十万八千里。跑题是导致会议时间延长的重要原因。当会议由一个主题变成多个主题的时候，大家的时间和精力就被瓦解在零散的讨论中，而会议的真正目的却没有达成。

3. 议程不具体

做什么事都讲究计划，开会更是如此。议程，就是开会的计划，在会议开始之前，领导要规定好：会议依照什么程序进行，先讨论什么，后讨论什么。在议程的提示下，会议就可以按部就班、有条不紊地进行，不会出现颠倒顺序、重复内容、随意插接等不良现象。如果缺少议程，或议程不具体，场面容易出现混乱。

4. 选错参会者

决定会议是否高效的，除了领导的讲话水平，还有参会者。如果是一个非常重要的会议，老板却请了一堆无关紧要的人物，那怎么体现它的重要性？比如，某些会议必须由相关决策人参与，那在他们缺席的情况下，会议再有效率，最终还是不能形成决策。再就是，如果同时邀请两个对立部门参加会议，很可能会激化两者之间的矛盾。如果邀请两个观点迥异却又不轻易妥协的人参加会议，就有可能令会议无果而终。除此之外，参会人数也直接影响着会议的成效。参会人数过多，不仅增加会议成本，而且增加会议组织过程的难度，不利于达成较为一致的会议结果。这都是领导在开会前需要考虑的问题。

5. 规则不清晰

所谓会议规则，就是会议展开过程中遵循的约定、规定。例如，参会者发言的顺序是随机的，还是按照座次轮流，抑或是遵循事先商定的顺序？参会者需不需要分组？陈述意见的方式是口头还是书面，是公开还是匿名？这都是会议规则，开会时领导有必要把这些规则告诉大家，让大家在规则内议事，让整个会议依规则进行。

6. 引导不得当

在会议中，领导更多地是扮演主持人、引导者的角色。所谓引导者，就是引领话题、会议进程走向的人。在会议中，领导者必须带领大家奔向最终的目的，而不是踌躇于半路；或者在无关紧要的事情上耿耿于怀；或者在某一矛盾上过分计较，导致矛盾扩大化等。引导者的作用就是指引大家用最小的代价、高效地达到会议目的。

7. 会后无跟进

从更广的层面上看，会后跟进也是会议的一部分。所以说，会议有没有成果，也要看会后跟进的情况。会开得很好，形成了许多政策、措施，但都没有得到落实，那也等于零。许多时候，当人们起身走出会议室，基本就把会议内容忘了一大半，能去执行的只是一小部分。最后发现，虽然会议开得热闹，领导讲得热血沸腾，最后竟没有一点落实，全还都在纸上。所以，领导要牢记这样几个公式：开会 + 不落实 = 零；布置工作 + 不检查 = 零；抓住不落实的事 + 追究不落实的人 = 落实。

召开有效、高效的会议，是领导者必须掌握的一种管理手段。正如管理大师彼得·德鲁克曾指出的那样，要做一位有效的管理者，很重要的一件事是：不开无效的会议。没有效果的会议就是浪费时间，开有效的会议，领导者才能创造高效能。

第6章

面试谈话，成败全在问答中

面试沟通不是走过场，更不是相面，也不是拉家常，而是近距离辨才、识才，为企业用人把好关口。

邀约面试也是自我营销

在招聘工作中，筛选简历后要进行的下一个环节就是邀约面试。很多领导者或人事经理都抱怨：电话邀约时，对方的反应很正常，也答应要来面试，结果面试时不到场，给出的答复是"再了解一下公司"，之后就再无音信。

为什么会出现这种情况？主要是因为沟通问题。

从某种程度上来说，应聘者对领导者或人事经理的认可，是企业成功招聘的第一步。一个优秀的领导也应该是一个优秀的营销者，他首先要成功地把自己"销售"给应聘者，无论招聘的结果怎样，这种影响将是长期且积极的。

邀约面试的对象有两个：主动投递简历者和被动者。不管是针对哪个对象，在邀约的前、中、后期都要做好相应的准备工作。

1．邀约前的准备工作

（1）对企业的招聘信息进行包装。应聘者在得到通知后，一般会去查看简历投递的记录。完善的企业招聘信息，会增加应聘者参加面试的概率。

（2）在电话沟通之前做好相关职位和行业公司资料的准备。

（3）将应聘者的简历详细看过，并标出需进一步了解或确认的关键信息。

（4）做好被质疑和拒绝的准备。

（5）设计好几个可以缓解气氛及引导应聘者的话题。

（6）掌握好通知时间。对主动投递简历者来说，他们已经明确了择业意向，而且随时准备参加公司面试，可以在工作时间段内电话沟通。对于被动者，由于他们求职意向不明确，甚至没有意向，电话沟通最好在18点以后，这样即不会打扰人家正常工作，又能够保证短暂沟通的时间。

2. 打电话时注意事项

（1）首先要打招呼，询问现在打电话是否合适或是否方便。

（2）介绍自己和公司，把公司的优势做个简单的描述。

（3）表明资料来源和招聘的职位，现在很多应聘者都是在找工作时海投简历，如果有必要的话简单介绍职位内容。这样做，就唤起了应聘者的记忆，获得了他的信任，而且还提高了他接电话的注意力。

（4）在学历、工作经历等方面适当称赞应聘者，增加应聘者对公司的认同度。

（5）告知对方已经通过了简历筛选，让应聘者觉得企业招聘有一定的门槛，且流程正规，进一步增加应聘者对企业的认同度。

（6）沟通中注意倾听，并恰当地做到将自己的看法拿出和对方分享或讨论。

（7）邀约，提供至少两个面试时间让对方选择，让对方感受到企业的重视。

（8）确定时间后，在电话最后，将面试的时间进行重复，和应聘者达成心理契约。

3. 做好结束通话后的工作

电话结束后，要通过短信或者邮件给对方发一个邀约信函，这会让应聘者感觉到被重视。邀约信函的内容主要包括：面试时间、地点、行车路线、公司名称、联系人,以及公司的大概情况、所招岗位名称及相关情况、联系方式等。

通常,邀约时的话语、态度很大程度上决定了求职者前来面试的意愿。所以,领导者要在上述一些关键点或细节上表现出HR一样的专业水准,与应聘者愉快沟通的同时,也能实现自我营销。

面试提问要问到点子上

与专业的 HR 不同，大多数领导在与应聘者进行面试沟通时，都显得比较随意，问什么问题，谈什么话题，都是随机的。感觉对方人不错，很聊得来，给的印象分就高，反之，觉得对方在一些问题上的观点、观念与自己的差别很大，与其交流的兴趣就不是很浓。

用人，关键是用才、用德。为了减少用人风险，通过面试要尽可能全面地了解求职者，这就要求领导者要把握好提问的方式、内容，不要东拉西扯，忽略了主次。

某公司急需一位财务人员，通过招聘网站发布招聘信息后，有十多位求职者投了简历。人事部门对其进行初步面试后，从中筛选出三位，让老板进行最终的面试。老板面试的第一位求职者是位聊天高手，恰好与老板又是老乡，见面后，老板把话题拉得很长，从当地的人文、风俗，聊到社会、经济。双方聊了半个小时仍意犹未尽。其间，老板只问过他姓甚名谁，哪里人，其他的都没有谈及。但是，对方给他留下的印象极好，便想拍板决定，但后面还有两位面试者，为了走过场，草草地与他们谈了几句，便通知人事部门，聘用第一位。

结果，这位求职者并不能胜任工作，简历包装得很漂亮，也很会说话，但是工作缺少耐心，漏洞百出。老板这才想到要考查他的专业技能，不查不知道，一查才发现，对方的学历、技能证书竟都是假的。

面试求职者,也是招聘工作需要把好的最后一道关。如果这项工作做不好,不但难以实现人岗匹配,而且还会增加企业的用人成本与风险。所以,为了甄别好人才,面试提问不可少,而且一定要问到点子上。

那在面试工作中,最好要问哪些问题呢?

1."做个自我介绍吧"

这个不用多说,没有一种面试是不需要自我介绍的。初见求职者,简单的寒暄过后,可以说"先做个自我介绍"。自我介绍,可以考查求职者的语言组织能力、当众演讲能力,以及他的性格特点。在介绍中,如姓名、年龄、爱好、工作经验等,这些简历上都有。领导要重点关注他个性中最积极的部分、做过最成功的事、主要成就等。

2."如何看待自己的优缺点"

人非圣贤,孰能无过。让求职者阐述自己的优缺点,可以知道他是如何评价自己的,这种评价是否客观、真实。尤其是他对自身缺点的认识,最能反映自我评价的真实性。相对于缺点,许多面试者更愿意谈自己的优点,自己有什么能力,做过什么项目,还有的人爱吹嘘。面对这样的求职者,就可以再往深里问。对于对方谈及的缺点,可以不做任何评价。

3."你为什么要离开上家公司"

其实,大凡有经验的求职者在面试前,都已为这个问题备好了答案。可以说,这是一个考官必问的问题。虽然,对方有备而来,但还是要问,听听他是怎么解释的。如,有的面试者会说:上家公司快要倒闭了,看不到前景。有的会说:老板太难处,自己受的委屈太多。答案五花八门,但从这些问题中,还是能看出求职者的心性,以及职场价值观。这也为企业用人提供了重要参考。

4."我们公司为什么会吸引你"

问这个问题,主要是了解对方的求职动机、愿望及对此项工作的态度。这时，求职者可能会说，想换个环境，或是喜欢企业的文化，还有人会说，这里开的工资高，工作轻松、稳定。根据对方给出的答案，领导可以判断对方的求职心态，以及他适不适合企业的用人需求与标准。

5."你希望的工资是多少"

讨论薪水是个很微妙的问题，但又是一个不可回避的问题。许多领导的做法是：在面试过程中，如果觉得对方不太符合企业的要求，就不会谈及薪水问题，在对方的追问下，才会说"这要根据能力来定"，总之，就是不会给出一个具体的数字。如果对方很符合企业的用人要求，就会与对方谈具体的薪水。这种做法不妥当。面试中，不管对方符不符合聘用条件，都不要回避这个问题，要主动问对方"你希望的工资是多少"，一来可以了解他的期望，二来可以间接了解行业标准，三来掌握出价的主动权。

6."你打算如何开展新工作"

这个问题主要考验求职者的自学能力和规划能力。如果求职者对工作没感觉，走一步算一步，或者说"听领导的安排"，说明他对这份工作缺少深入的思考与长远的打算。如果求职者能讲出方法、步骤，而且很有逻辑性，说明他对这个工作是有规划的，有想法的。

7."还有什么问题"

面试结尾时，大多考官会问"还有什么问题"。这时，有些求职者会说"没有问题了"，有些还会纠结于薪资待遇，还有的会询问有关工作职责、业务范畴之类的事。相对来说，喜欢问工作职责的求职者，有较强的敬业精神。

可以说，这七个面试问题都是面试的经典问题，许多问题都是这几个问题的延伸。作为考官，领导者要灵活提问，并能从中预见求职者未来的表现，以做到正确选人，避免被其表象所迷惑。

想听出问题,话就别说得太多

著名作家鲍威尔说:"我们要聆听的是话语中的含义,而非文字。在真诚的聆听中,我们能穿透文字,发掘对方的内心。"成功的领导大多善于倾听。当然,他们的倾听并不是做做样子,而是伴随着思考。在这个过程中,领导会不断搜集对方的兴趣爱好,了解对方的脾气禀性,然后给出一些中肯的意见。如此,不但会使交流变得更加顺畅,而且也会获得对方的好感与尊敬。

比如,你到一家公司应聘部门主管,总经理和你谈话时会说:"刚来这个公司,以后有什么打算呀?"如此简单的一句问话,便道出了他的真实意图,即考察你工作时的心态。假如这时你很坦诚地说出自己的理想和志向,总经理一定会认为你有些不成熟,缺少社会经验;如果你谈了一大堆与公司一点关系都没有的理想,那总经理会认为你不踏实,以后跳槽的可能性大。

由此可以看出,倾听是有效交流的前提,有效的倾听是沟通的桥梁,只有善于倾听,才能精准地了解对方的意思,揣摩对方的话外之音,从而对症下药,把话说到对方心窝里。在面试工作中,领导该如何倾听呢?

(1)点头示意。一面听对方说话,一面不时点头,表示你听到对方所言,而且了解其意,并示意他说下去,你也可以在听的过程中穿插"嗯""是""接着说"表示肯定。

(2)重复内容。要是你想请对方再详细解释谈话中某一方面的内容，可以把你刚才听到的话再重复一次，对方就会明白你大概在这一方面不清楚或不明白，你可以说："如果我没听错的话，你是不是说……"或是"我想再确定一下，你刚刚说的是……"

（3）问后续问题。如果对方提到你有兴趣的事情，不妨再追问下去。他人的构想、思路，都值得你探索和聆听，不要动不动就转移话题。

（4）别妄下结论。让对方提出自己的想法，不要妄自提出自己的观点，尤其与对方观点相悖时。在你衡量对方的意见时，不要流于主观。此外，也不要强迫别人接受你的想法。把你的成见和说法，尽可能先放一边，捕捉对方的思路，广泛采集意见，最后形成决策。

（5）控制自己。要是对方说了你不赞同的事，也得尽力控制自己的情绪。不要激动，也别发怒，而应该把你原先的思绪、担心的事、成见等等先放一边，因为现在你们是在沟通，你眼前的这个人最重要。

（6）不要插话。倾听别人说话时，不要中途插话，或是打电话，这样不但相当失礼，而且还打乱了谈话的顺序，浪费别人的时间。这样既不利于双方的沟通，也不利于信息的收集。

普雷斯顿说："每个人都学过如何谈话，但是还没有人学如何去听。"倾听是我们所有人必须着力提高的能力，作为领导更应该具备这种能力。为什么许多企业中的经理们要接受高效倾听训练？原因就在于此。

雄辩是银，倾听是金。一个善于倾听的领导，在下属心中是一个有耐心、善解人意，且富有同情心的人。而这样的人往往具有一种魅力，总能让人说真心话。

在面试过程中，倾听的越多，掌握的信息也就越多，对面试者了解的也就越多。同时，积极地倾听，也是对应试者的一种尊重，并且会提升自身的形象。

句句要体现专业与素养

如今,人才也是一种"商品",每个人都想把自己"卖"个好价钱,但整个人才市场是买方市场,人才的竞争非常激烈。这对招聘单位来说是一件好事,因为只要给出有竞争力的价钱,就能吸引到中意的人才。同时,这也是一件坏事情,因为一些企业不愁招不到人,所以对应聘者缺少应有的尊重。

某高薪企业打出招聘广告,找一位文案策划人员。一时间,简历如雪片飞来,经过几番挑选,最后张先生与刘先生进入了面试。面试那天,人事经理让他们先填表格,然后就不知去向,半小时后,端着水杯,迈着八字步才晃晃悠悠出现了。他先面试张先生,张先生屁股刚坐稳,人事经理就开始接电话,两通电话后,才问:"你叫什么?"张先生在做自我介绍的时候,他又向身边的助理交代工作。在接下来的谈话中,他心不在焉地又问了几个问题,显然,他没有仔细看过对方的简历。接下来,刘先生也遭遇了同样的待遇。

一周后,公司通知张先生说:"您被我公司录用了,尽快来公司办理入职。"张先生说:"谢谢,我已找到了新的工作。"

原来,人事经理的表现拉低了张先生对公司的期待,他认为,这样的领导没有一点素养,公司也好不到哪里去。所以,他果断放弃了这次机会。

在面试沟通中，不管对方是否符合公司用人标准，该走的流程一定要走，一定要表现出自己的专业素养，以及对面试者的尊重，像下面这些行为是绝对要避免的。

（1）对岗位知之甚少，无法准确地向求职者介绍岗位的主要职责和任职要求。有些公司会进行虚假招聘，即本来不计划招人，只是想通过应聘者来了解其他公司的运营方法。所以，有些时候无法清晰地描述公司的岗位信息，往往是求职者问一句，答一句，不问就不答。

（2）一味地说，不认真听求职者的介绍。在一些面试沟通中，考官一个劲儿地讲，不给面试者说话的机会，所以也就无法详细了解求职者，不能对其做出全面、真实的判断。最后得出的结论是"这个求职者好像不怎么样嘛"，明明是自己不怎么样嘛。

（3）不尊重求职者。这样的现象非常普遍，包括很多知名的大型企业都或多或少存在这一类问题，比如，通知所有求职者在同一个时间到达，实际上最后一个接受面试的人可能要等上2个小时以上。再就是，像上面案例中提到的那位经理一样，在面试过程中，不停地接打电话，使求职者的思路被打断。有的则是居高临下、盛气凌人，感觉是在向求职者做一种施舍……还有的是，面试前不看求职者的个人简历，总是问一些无意义的问题。

（4）判断求职者的标准过于简单。这些标准包括：仅仅以既往任职经历就认为某人合适或者不合适某个岗位；认为留洋归来的海归素质要高于国内高校的学生；在不经小组讨论时，认为与本人的观点比较接近的人就是企业要找的人；认为实习经历丰富的人都是积极的人，等等。这都是比较肤浅的！

（5）不注意自身形象。有的领导在面试时跷个二郎腿，有的则坐在老板椅上晃来晃去，有的半伏在办公桌上，斜着眼睛和应聘者对话。这种做法既影响自身形象，又缺少对应聘者足够的尊重。

（6）故意卖弄。有些领导喜欢在面试者面前卖弄，认为自己很了不起。比如，故意讲一些很时髦的专业名词，或是讲一句话，就带出几个英文单词，洋不洋，土不土，让面试者无所适从。

（7）草草结束面试。有些领导在面试时，不给求职者提问的机会，或者以对方的问题涉及公司机密为由不予作答。更有甚至，因为有私事要处理，会突然中断面试，只留下一句"等通知吧"，就提前离开。

以上几种情况，都是非常不专业的做法。招聘面试，是一项专业性很强的工作，与面试者没有专业的沟通与交流，不仅会错过无数优秀的求职者，以及那些潜力较高的求职者，而且会严重影响公司的形象。所以，面试沟通中，一定要表现出较强的专业素养。

谈薪资待遇要有收有放

在面试沟通中,让很多领导最头疼的一个问题是,怎么和中意的应聘者谈薪资待遇。谈的高了,老板不高兴,自己也跟着郁闷;谈的低了,自己说话都没底气,而且人家还不愿意来,给自己的招聘带来很大的难度。

A先生是一家企业的部门经理。一次,他通过网站招聘一位数控机床操作工。公司能给出的最高月工资是8000元。通过几轮的面试,A先生发觉小黄是最合适的人选,但对方的薪资要求是1万。这让A先生犯了难。于是,他征求老板的意见,老板一句话把他给怼了回来:我就不信8000招不到合适的!A先生只好依老板的要求,去寻找"物美价廉"的。结果机器闲置了两个月,还是没有找到合适的人选。

在具体的面试沟通中,如何结合岗位情况及应聘者本人的能力给出一个合理的薪资,让各方都满意呢?可以遵循如下的步骤:

1. 不要急切透露岗位需求

当你觉得这个人非常符合公司的要求时,千万不要表现出这个岗位对人才需求的迫切程度。否则,还没有谈工资,你已经输了一半。因为聪明的应聘者会从你的只言片语中嗅出点什么,从而给谈薪资带来难度。

2. 降低应聘者的期望

在进入实质阶段的时候，即开始谈薪资前，首先要向应聘者说明：公司的实力不是很强，给的薪资不会很高。这一招叫降低应聘者的期望值。你先为自己埋下伏笔，也是提醒应聘者有思想准备。同时你还要说：我们公司也没有你想象的那么差，以后会如何如何。如果不用这一招稳住应聘者，前面的那一句有可能把优秀的应聘者吓跑了。

3. 先问期望再表态

开始谈薪资时，首先你要问：你的期望工资是多少？这个大家都知道了，有的应聘者抱着搏一把的态度，漫天要价。这时候，你不要紧张，立即做出一个夸张的表情：啊，这么多！见状，没有经验的应聘者就会说：没关系，大家可以谈的。这时，你心里就有数了：看来有回旋的余地，也许他的要求和公司的标准差不多。但是，有的人比较实在，你再做什么夸张的表情，也没有用，这时，你同样有数了。

4. 探问对方最低要求

接下来，你就问应聘者：你最低的要求是多少？有的应聘者职场经验丰富，知道一些技巧，会问：公司能提供多少？这时，一些缺少经验的领导，可能会把自己的底线交出去。注意：此时一定要沉住气，仍然不卑不亢，说"你最低的要求是多少，我们公司对这个岗位没有什么规定，你说了以后，我要向领导请示的"。这时，应聘者往往会给出一个最低要求，此时，你已经基本确定公司能否付得起这个薪水了。

5. 多付一点点

接下来，你其实已经确定能否招聘这个人了，如果他提的工资低于公司标准，可以直接答应他，但是实际上你付的薪水比这个高，这样有利于留住这个人才。但是之前并不告诉他，在他报到的时候，突然告诉他薪水比之前谈得要高一点。

在管理上，这种超出对方期望值的做法有很强的激励作用。如果对方提出的薪水和公司的标准有一定的距离，这时，你要考虑是否用公司其他的福利来说服对方，比如：交通补贴、年终奖、住宿、通讯补贴等，来说明总收入才能代表一个人的价值。

6. 降低期望，打探底线

如果对方很适合公司，但漫天要价，怎么办？可以采用"故意降低法"，即他要 8000，你觉得他只值 5000。你可以说："我们公司只能提供 4500。"这时，往往能让他把底线亮出来。如果他同意这个薪资，然后再用第五点，即"多付一点点"，按照公司的标准给他。其实，大多数领导对面试者"值"多少钱，心里都是有数的，当他把底线亮出来后，再和他谈判，就轻松多了。

除此之外，一定要和应聘者谈好试用工资和转正工资，有的领导只谈试用工资，说转正后的工资需要根据工作表现来定，这样做不可取。通常，试用期结束的时候，公司和个人对自己的评判是不一致的，这时再谈判，如果谈不拢对双方都是损失。

所以说，和面试者谈薪资也是有技巧的，不能把价开得过高，也不能拼命压价——因为你要长久地留住人才，就要公平地对待他。否则，即使对方来了公司，也是身在曹营心在汉，迟早要走的。

识才必须念好的"面试经"

企业招聘人员,一般的面试流程是:人力资源部门进行初步面试,把握应聘者基本素质,专业能力由各部门经理把握,核心岗位以及经理级人选一般由高层领导面试。这是不是说,公司的重要领导可以不参与面试工作?

当然不是!

招聘企业中高层管理人员,公司高层领导必须亲自参与,并要会念一些"面试经"。

某上市公司的一家分公司需要招聘一位人事经理,人力资源总监王先生亲自参与面试。先后有十来个人参加面试,结果让他大跌眼镜。在他看来,他们不适合做人事经理的原因在于:有的人不自量力,有的极其缺乏基层工作经验,有的专业度相当差,有的是金钱第一。其中一个叫莉的女生,1980年出生,名牌大学工商管理专业毕业,有8年的工作经验,先后在四家企业任总经理助理、人事主管、人事经理,其中做了3年人力资源经理。按说她的条件很优秀,应该可以满足公司的招聘要求。

王先生看过她的简历,也觉得她不错。面试那天,王先生第一句话就说:"先做个自我介绍吧。"她用3分钟的时间做了个简单的介绍,王先生基本满意。接下来,王先生从生活背景与状况、工作经历与成果、学习培训经历三个方面进行了提问。结果发现,她的问题很大,根本不适合人事经理一职。如,她竟不能陈述国家晚育标准,不知道什么是标准工时工作制,不懂岗位评估价值,不记得岗位说明书分哪几部分,不清楚培训的最后一个环节是什么……

在王先生看来,这都是人力资源工作中最基本的工作。这些你都不会,你还会什么?

优秀的人力资源管理者至少是半个劳动法专家,如果他在自己的岗位上表现不出专业的水准,怎么处理一些人事问题?在面试工作中,领导一定要慧眼识才,把好关键岗位的用人关。这需要领导者不但要精通业务,熟悉相关法律条文,而且要能从更高层来识才、辨才。

1. 通过谈工作识才

人力资源总监可以通过求职者对自己行为的描述来获取两方面的信息:一是求职者过去的工作经历,判断他选择本企业的原因,预测他未来在本企业中发展的行为模式;二是了解他对特定行为所采取的行为模式,并将其行为模式与空缺职位所期望的行为模式进行比较分析。面试过程中,可以要求求职者对其某一行为的过程进行描述,如提问他"你能否谈谈你过去的工作经历与离职的原因""请你谈谈昨天你向公司辞职的经过"等。

为了了解真实的情况,问题要与他的工作、绩效有关,而且提问的方式更具有诱导性。如,对于与同事的矛盾,"你与你同事有过不愉快吗?举例说明"的提问显然不如"告诉我,与你接触最少的同事的情况,包括问题是如何出现的,以及你们之间关系最紧张的情况"更能激起应聘者真实的回答。

2. 通过聊目标断才

面试普通职位的应聘者,领导更多注重其以往所取得的成就,如果是面试关键岗位的应聘者,则更多关注他们如何实现所追求的目标。即通过他们的目标追求来更深入了解他们。这其中有四个维度:情景,即描述求职者经历过的特定工作情景或任务;目标,即描述求职者在特定情景当中所要达到的目标;行动,即描述求职者在特定情景当中所做出的行动;结果,即描述行动的结果,包括积极的和消极的结果、生产性的和非生产性的结果。

如,研发部门要招聘一位主管,过往的从业经历固然重要,但更为重要的是,要清楚他如何来实现企业的目标,即他的工作思路是什么,他的竞争力是什么,他能给企业带来什么等。一位有着深厚资历的领导者,从对方对目标的追求上,基本可以判断其是否能够胜任相关职位。

3. 通过问难题辨才

所谓压力测试,即有意制造紧张气氛,以了解求职者如何面对工作压力。如,通过提出生硬的、不礼貌的问题故意使求职者感到不舒服,针对某一事项或问题做一连串的发问,使其在没有足够心理准备的情况下回答。这样,才能测试出对方最真实的心理状态。如果一个人有水平,他不会畏惧考官打破砂锅问到底式的提问,而且他心理承受的压力也会更大。反之,能力不足,在回答问题时难免会露出破绽。

有一位应聘客服部经理一职的面试者,他得意地说:自己在过去两年里做了四项工作。老板告诉他:频繁地变换岗位或工作,是一种不成熟,或不负责任的行为。结果对方给不出合理的解释,而且表现得很不耐烦,这就说明他承压能力较弱。

压力面试在于考察求职者的应变能力、人际交往能力,需要求职者具有敏捷的思维、稳定的情绪和良好的控制力。而这类题目的设置大多具有欺骗性,因此事后应向应试者做出解释,以免引起误会。

如果公司招录普通员工,一般高层领导很少会直接参与面试。如果必须参与的话,一定要能从人力资源规划、企业人才储备的角度来识才、用才。

别带着"坑人"情结上阵

谈到情结,我们首先会想到军人情结、怀旧情结、古典情结、隐士情结……在职场上,如今又多了一个情结,那就是面试官的"坑人情结"。为什么这么说呢?因为一些领导在用人时高高在上,喜欢搞一言堂,用谁不用谁,自己说了算,许多时候,该用的人不用,不该用的却胡乱用。

比如,有些领导用人要看性格:你再有能力,性格不开朗,或是不善交流,我也不用你。有些领导用人看形象:形象不好,再是个人才,也会找一些看似"合理"的原因拒绝你。

领导用人要摈弃个人喜好,也要放弃一些个人情结。为了给每一个面试者以公平、公正的机会,在实际面试沟通中,领导要放弃以下几种"坑人情结":

1. 学历情结:非全日制不算

第一学历非全日制本科及以上学历者不收!对,如果你的第一学历是大专,即使你后来通过自己的努力考研、读 MBA 通通都不算。这是比较典型的"学历情结",在有这种情结的面试官眼里,优秀的人就应该从正规本科院校毕业后再选择再深造。

英雄莫问出处,选拔人才更不能只以学历为准。名校毕业、海外留学归来不代表就有能力。有些求职者的第一学历可能不入面试官的法眼,但是不代表其在职场打拼所付出的心血比别人少,不代表他们没有更加积极要求上进的心态。

选拔人才，应该看重的是求职者不断努力学习的上进心，有奋斗的精神和坚强的毅力。学习是一件无止境的事，只要能够不断提高自己，就不会落伍，就可以适应企业的需要。

2. 稳定情结：频繁跳槽不要

没有哪个面试官会希望自己录用的人，工作半年、一年就走人的，所以"稳定"也是他们选择条件中很重要的一条。一年跳槽两次，两年跳槽三次的人确实是会被慎重对待，如果是刚毕业的年轻人，因为职业规划还不清晰选择跳槽倒还情有可原，如果是已经有十年工作经验的人还是如此，只能说明这个人确实糊涂。

王强是理工科毕业生，刚开始他选择了一份与专业对口的工作，但是觉得技术类工作比较单调，也没法锻炼自己，于是去做销售，销售做了没两年又去做客服。一晃五年过去了，他发觉自己挺喜欢跟人打交道，在技术上也有一定的基础，于是转行做管理。三年时间，带出了一个很有战斗力的小团队，为了追求更大的发展，于是跳槽去了一家行业内排名前三的企业，此时他的职业生涯发展轨迹变得越来越清晰。

相信很多面试官在看到王强前面5年的工作经历时，会觉得他不够稳定，会因为他频繁跳槽而选择将其拒之门外，这就是"稳定情结"。虽然招人有风险，但是一味地拘泥于所谓的经验之谈，觉得频繁跳槽的人不可用，只能错失掉很多可用之才。

领导选拔人才更主要的是选出候选人的潜在价值，看他频繁跳槽的公司是不是规模越来越大？职位是否阶梯式上升？是主动还是被猎？如果都是一路向上，作为求职者，选择与自己能力和价值匹配的成长空间是无可厚非的。领导不能因为自己的所谓"稳定情结"就将优秀的人拒之门外，这对于企业来说无疑会是一大损失。

3. 性格情结：测试欠佳不行

很多领导在面试求职者时，都会进行所谓的性格测试、心理测试，有的甚至还要进行星座测试。这些看起来跟招聘工作八竿子打不着的东西，却被一些领导视为了解候选人是否符合岗位需求的方法。

其实，做这样的事完全是在浪费时间。人的性格本身并没有什么好坏之分，只要适合企业需求就可以。就像做销售的并不一定都是外向的人，内向的人也可以将销售工作做得很好。这就要求领导者去了解候选人是如何开发新客户，如何促成成交的，而不是只关注求职者的性格如何。

作为面试官，领导者花时间想要更全面地了解候选人是否适合公司需求并没有错，但是公司各个部门都有自己的专业技术，没办法全部都知晓。只会蜻蜓点水式学点专业名词不仅不能帮助领导补足自己的短板，反而会让自己的长板无用武之地，专业的问题还是需要专业的人才去评判。

能够完全符合企业需求的人才是可遇不可求的，即便硬性指标都符合，还有软性的文化认同要素是否符合的问题。所以领导在遴选人才时，要放弃上述几种情结，充分了解市场上同类型人才基本通用的技能标准，这样才不会使招聘陷入死胡同中，无法自拔。

离职面谈是一场高水平的"面试"

离职谈话，也就是与即将离职的员工进行坦诚的交流，以消释彼此的误解，了解企业存在的问题和管理的得失。与国际大公司聘用顾问公司进行离职面谈或聘请有关专业人员进行离职面谈不同，国内企业大多由人力资源部门的有关人员"兼任"，有的公司是部门经理，或是老板亲自出马，谈话缺乏技巧，经常敷衍了事。要想做好离职谈话，使其起到消除误会、留住人才、暴露问题等作用，必须讲究技巧性，做到专业化。那具体怎么来谈呢？

1. 明确谈话目的

离职谈话和一般的谈话不同，具有明确的谈话目的。针对不同离职人员，谈话的目的和重点会有所不同：对骨干员工离职，谈话目的可能在怎样留住他；如果留不住，要弄清原因何在；了解他下一步的打算，及如何保持与他的联系。对辞退员工的谈话，谈话的目的可能在于做好解释和安抚工作，回应他的抱怨，结合他的特点，给出建议。当经济不景气进行裁员时，谈话的目的侧重于让员工理解政策，并在公司政策框架下，解释公司提供的帮助和补偿工作。如果与被裁员工谈话时，用留人的那一套思路来谈，员工只能是越谈越有情绪。所以，离职谈话需要注意对象的不同，确立自己的谈话目的。

2. 了解离职人员背景

离职谈话要达到好的效果，一定要对离职人员的基本信息有基本的了解。可以通过人事档案，对其年龄、工龄、工作经历、家庭情况以及工作表现等有一个基本的了解；也可以向上司或有关人员，了解他的工作表现、个人兴趣、有关的评价资料等。这个工作做扎实了，在离职谈话时，就能把握谈话的主动权。

3. 拟定谈话提纲

谈话提纲不一定要写在纸上，但一定要有一个谈话的要点和先后顺序。离职员工一般都是有工作经验的，要考虑到他们的顾虑、性格、反应，设计有关的谈话问题。谈话者要将谈话提纲与上面的谈话目的、员工的背景信息结合起来，以确保谈话不偏离自己的目的。谈话提纲要考虑到谈话时间的控制，如何在有限的时间内达到自己的谈话目的，是需要认真准备的。

4. 谈话现场的控制

如果说，前面三项工作都做到位了，谈话现场控制应该没有什么问题。清楚了自己要问什么，也准备了离职员工会提什么问题，就能掌控交流的进程。但离职谈话的现场控制还有一些小技巧需要掌握：如谈话地点尽量选择相对私密的地方，避免被打断和干扰，也较容易与员工深度交流。谈话的过程中，不要机械照搬事先准备的问题，要注意倾听，理解离职员工所说的意思和内容，必要时进一步询问。利用员工思考和沉默的时间，回顾自己的谈话提纲，调整自己的谈话思路。

再就是，在离职谈话过程中，要多问开放型的问题，探讨和征询的语气应当多些，因为你必须让员工感受到你是真诚的，而且你必须记住，你是代表公司的。谈话结束时，对员工提出的问题，自己不能立即答复的，要明确告诉员工，过后给予相应的答复。

5. 离职谈话总结

谈话总结，也是必要的一个环节。不要以为谈完了，就没有事情了，对每个离职员工的谈话，应当做好谈话记录，并整理好归档。企业可以定期对员工的离职谈话进行总结，对反馈的问题、离职的原因、提出的建议进行整理，提交给相应的决策人和责任人。

通常来讲，离职面谈会有两轮，一轮是由离职员工所在的部门主管负责，对其离职原因进行了解，并做好书面记录存档。而第二轮面谈则由员工关系管理专员负责，时机选择在员工离职前最后一天，因为员工关系管理专员与其并无职务上的隶属关系，离职员工这时顾虑也会较少，其更容易站在第三者的立场上对所熟知的情况发表评论。

第7章

绩效考核，走对过程把好过场

良好的绩效沟通既是一个系统的工程，需要贯穿绩效考核的始终——事前沟通、事中沟通、事后沟通，也是绩效管理的灵魂与核心，是绩效管理过程中耗时最长、最关键、最能促进工作开展、产生效果的环节。领导只有掌握了绩效沟通技巧，才能让绩效管理更有效。

沟通力 12项修炼

说考核难，是因沟通不到位

在工作中，领导找下属交流工作，是一种司空见惯的情况。下属工作干得出色，交流起来障碍会少些，难听话也好开口一些。如果下属的工作存在许多问题，有些领导就犯难了，不知丑话该怎么说。说轻了，怕下属理解有误，认识不到问题的严重性；说重了，又怕伤了对方的面子。所以，每逢找下属谈工作就犯怵。

话之所以难说，主要是因为公司缺少严格、规范的考评制度，完全靠领导的主观来评价员工的工作，领导说好就好，说差就差。有些公司，也有绩效考评制度，但是很简单，说白了就填一张表格。这种形式也不能客观真实地反映员工的绩效。既然考评不真实、不客观，那与员工交流绩效问题时，怎么能让员工心服口服呢？

某公司是一家互联网公司，每年年中，公司都会做一次绩效考评。王经理是销售部主管，手下有15名员工，每次考评，他的主要工作就是填写15份内容差不多的绩效考核表。有时由于时间紧，他就把表格发下去，让员工自己来填写，然后派人收上来，在上面签名，再交给人事部。这样，纸面上的工作就算完成了，人事部也很满意。

王经理的绩效考评工作是不是真的完成了呢？如果你是王经理的老板，你会对他的这些表现满意吗？相信你不会！因为他的工作完成得并不出色。那么，王经理的问题到底出在哪里呢？

抛开形式主义不说，即使是形式主义，他也没有走完"形式"，因为他还有一个很重要的工作没有做，那就是在考评过程中与员工一对一沟通，或是开一个考核会议。在考核会议上，领导在与员工进行沟通时，要着重阐明以下几个问题：

1. 阐述考核的意义

在许多企业，员工是很反感绩效考核的，觉得按要求完成工作，足额拿到工资就可以了，公司之所以注重考核，无非是想变相克扣工资而已。认识上有偏差，员工对参与考核的积极性自然不高。所以，领导要先向员工说明考核的意义，即企业实行绩效考核管理是为了更好地管理好企业，能很好地稳定企业的员工，激活员工高效的工作。同时要强调，有效的绩效考核能帮助企业达成目标，并且是一个不断发现问题，改进问题的过程。

2. 说明考核的方法

这也是员工比较关心的问题，也就是如何考核，因为它涉及考核的公平、公正。为此，领导可以提前准备好相应的资料，包括考核体系、考核方案的整体介绍；企业本年度的经营目标、战略规划；从上至下分解的目标；员工个人的职责描述及上一个绩效期间的绩效评估结果等。考核的方法越具体，越具有可操作性，员工异议越少，参与的热情越高。

3. 倾听员工的想法

考核要注重双向沟通，不能一味下达指标，要尽量让员工谈谈他们的看法，多听听他们的意见与建议。这样使领导和员工在绩效考核时能形成双方认可的客观依据，并对有争议的部分进行协商，从而减少分歧。如果无法达成一致，则可以适当缓一缓，避免发生争执。

所以说，考核沟通不只要走形式，更要走程序与方法，不是让员工填一张表格，为自己打分那么简单，也不是找个别员工谈谈话，随便提点意见或建议那么痛快。许多领导与员工的绩效考核沟通之所以没有成果，而且员工的抱怨很多，就是因为没有做好前期的沟通工作，没有让员工认清楚为什么要考核，怎么考核，考什么等问题。

绩效反馈要有理有据有序

绩效考评结束后的一段时间内,员工的心情都不会平静,那些担心绩效考评结果会对自己不利的员工将坐卧不安,因为他们不敢确定绩效考评的结果对他们意味着什么?是被降职、减薪还是被解雇?员工在没有获得确切答案之前,肯定会背负巨大的心理负担,从而影响他们的工作效率。

没有绩效反馈,员工就无法知道自己的工作是否得到了认可,就会乱加猜测,疑神疑鬼,进而影响工作士气;没有绩效反馈,各主管就无法知道绩效考评是否真正起到了作用,对继续进行考评没有信心;没有绩效反馈,各主管领导就不能有的放矢地指出员工的不足,更无法给员工提建设性的改进意见,最终阻碍员工的进步,领导管理水平将无法得到有效的提高。

所以绩效考评过后,必须要进行绩效反馈。反馈时可以遵循下述步骤:

1. 要做好反馈准备工作

准备工作主要有两部分,一部分是材料准备,如和员工共同制订的绩效计划,如职位说明书、绩效考评表、员工的绩效档案等。以员工的绩效档案为例,它是领导者在平时的管理活动中,跟踪员工绩效目标时所记录的内容,这些东西是领导做绩效评价的重要辅助资料。另一部分是安排面谈计划。通常一个部门主管有若干个下属,所以面谈方式可以是一对一的,也可以是一对多的。"一对一"常用于涉及私事或保密情况中；"一对多"常用在有共同话题时。对此，主管必须有一个统筹的安排，根据自己的工作安排，与员工进行适当的沟通之后，拟订一个行之有效的面谈计划，并将计划告诉员工，让员工有一个心理和行动上的准备。

2. 通报员工当期绩效考核结果

通过对员工绩效结果的通报，使员工明确其绩效表现在整个组织中的大致位置，激发其改进现在绩效水平的意愿。在沟通这项内容时，领导要关注员工的长处，耐心倾听员工的声音，并在制定员工下一期绩效指标时进行调整。

3. 分析员工绩效差距与确定改进措施

绩效管理的目的，是通过提高每一名员工的绩效水平来促进企业整体绩效水平的提高。因此，领导负有协助员工提高其绩效水平的职责。改进措施的可操作性与指导性来源于对绩效差距分析的准确性。所以，领导在对员工进行过程指导时要记录员工的关键行为，按类别整理，分成高绩效行为记录与低绩效行为记录。通过表扬与激励，维持与强化员工的高绩效行为。还要通过对低绩效行为的归纳与总结，准确地界定员工绩效差距。在绩效反馈时反馈给员工，以期得到改进与提高。

4. 沟通协商下一个绩效考评周期的工作任务与目标

绩效反馈既是上一个绩效考评周期的结束，同时也是下一个绩效考评周期的开始。在考核的期初明确绩效指标是绩效管理的基本思想之一，需要各主管与员工共同制订。各主管不参与会导致绩效指标的方向性偏差，员工不参与会导致绩效目标的不明确。另外，在确定绩效指标的时候一定要紧紧围绕关键指标内容，同时考虑员工所处的内外部环境变化，而不是僵化地将季度目标设置为年度目标的四分之一，也不是简单地在上一期目标的基础上累加几个百分比。

除此之外，还要确定与任务与目标相匹配的资源配置。绩效反馈不是简单地总结过去的上一个绩效周期员工的表现，更重要的是要着眼于未来的绩效周期。在明确绩效任务的同时确定相应的资源配置，对主管与员工来说是一个双赢的过程。对于员工，可以得到完成任务所需要的资源。对于主管，可以积累资源消耗的历史数据，分析资源消耗背后可控成本的节约途径，还可以综合有限的资源情况，使有限的资源发挥最大的效用。

多听少辩，别把面谈搞成批斗会

在进行绩效面谈的时候，领导者通常会犯这样的错误：没有留给员工发表自己观点的机会，或者根本没有倾听员工的言论，只是在想怎样发挥自己"高谈阔论"的特长，说服员工努力工作。例如，员工想表达的意思是"自己想得到更大的提升空间"，而领导者却听成了"你没有获得进步，必须对你进行批评教育"，对沟通信息完全曲解。这样面谈的效果也会一落千丈。特别在年终总结时，员工希望通过这次面谈机会谈些自己的想法，或者宣泄不满情绪，领导者不注意用心倾听，只会引起员工对面谈的抵触情绪。

所以，面谈的过程中，最重要的就是学会倾听，倾听是领导者进行绩效面谈的关键一步，是建立良好的双方关系的基本要求，也是对员工的一种尊重。善于倾听，才能充分了解情况，使员工在比较宽松的氛围下敞开心扉谈工作，谈感受。

在倾听的过程中，管理者要注意以下三点：

1. 用心去听

倾听不仅仅是用耳朵去听，更重要的是用心去听，去设身处地地感受。不但要听懂员工通过语言、行为表达出来的东西，还要听出员工没有表达的内容。比如，员工当对领导或者同事有不满时，他会用"还好""还行"等搪塞，而他心中的真实想法可能是"领导很差劲"。像这样的弦外之音，不用心听，是很难感受得到的。

2. 适当回应

反应可以是言语性的，也可以是非言语性的。反应的目的既是为了向员工传达自己的倾听态度，鼓励员工叙述，促进双方关系，也是为了澄清问题，深入了解，促进管理者对员工的理解。对员工说的任何话都不能表现出惊讶、厌恶、奇怪或非常激动、气愤等神态，而要表现出一种平和的心态，其间，可以做一些适当的回应，如使用"呃""噢""我明白""是的"或者"有意思"等，让对方感到你在认真听。如果想让对方讲得更多更深入，可以说"说来听听""我们讨论讨论""我想听听你的想法"或者"我对你所说的很感兴趣"等，来鼓励对方。

3. 不要辩驳

不管员工说的对不对，都不要正面辩驳，或者做出过激的反应。事实证明，如果员工在领导面前带着情绪说话，那他说的话大多是他的心里话。这个时候，领导要表示适当理解，并给予安抚。如员工说"自己被扣年终奖金，心里非常不平衡，自己已经很努力了，公司凭什么这么做"，这是员工的真心话，需要公司给出一个说法。这时，领导可以说"我理解你的心情，不过……"然后，再强调一下公司的考评制度，并客观评价他的工作绩效。这样，可以缓和员工的激动情绪。否则，正面辩驳，或是指责员工，只会让员工觉得又一次受到了不公平待遇。

在绩效面谈中，对员工的倾诉、不满，甚至是抱怨，领导一定要注意回应的方式方法，使面谈在融洽的气氛中进行，避免刺激员工的情绪，或者让绩效面谈演变成批斗会、辩论场。

走对过程，把控好过场

不管在什么场合，开会也好，演讲也罢，抑或是解决纠纷，能否控制住场面是验证领导能力的一个重要方面。领导控制不住场面，绩效沟通就无法正常进行。在实际工作中，为了让绩效沟通有序进行，要牢牢掌控住场面，领导需要做好三件事：控制时间、营造氛围、引导话题。

1. 控制时间

绩效沟通的时间不宜过长，也不能过短。时间过长，领导漫无边际地谈论几个小时，员工抓不住重点，摸不清领导说话的脉络；时间过短，不能深入地交流一些问题，了解情况，只能是流于形式，走个过场，达不到绩效沟通的目的。

绩效沟通的目的是为了帮助员工做好一段时间以来的工作总结，及未来的工作规划，同时倾听员工的想法，帮助其解决具体问题，并充分调动他们的积极性。所以，领导要控制好沟通的时间，什么问题要点到为止，什么问题要展开来谈，事先都要有一个计划。一般来说，如果是一对一沟通，时间最好控制在 15 分钟左右，如果核心员工，且职位重要，要谈的问题比较多，可以延长到半个小时。事实证明，如果绩效沟通时间超过半个小时，会给员工带来不适感。

2. 营造氛围

任何形式的谈话都非常讲究氛围，在绩效沟通中，领导要尽可能营造一种轻松的氛围，不要一本正经，板起脸来谈工作。有时，由于员工情绪激动，可能会把气氛搞得很紧张，如员工说："这个考评一点也不公平，我非常生气。"这时，领导要清楚究竟发生了什么事,背后的原因是什么,然后给予适当安抚,如可以和他讲:"是的,不公平当然令人生气,其实,我也非常愿意就这个问题与你认真交流,你可以告诉我,是哪个环节的不公平让你非常生气?"这样,顺着员工的思路说话,会释放他心中的一些怨气。

再如,当员工因情绪激动或认识不到位而喋喋不休时,不便硬性迫使他停止谈话,这时可以请他抽支烟,替他倒杯水,请他取样东西过来,或者建议换个地方再谈,等等。

氛围营造得好,绩效沟通的效果才会好。试想,场面上满是牢骚、抱怨、不满,甚至充满了火药味,又怎么能有高效地沟通呢?

3. 引导话题

这是有经验而且非常机敏的领导最常使用的方法,即由目前话题引向另一话题。比如,当领导想了解公司一般的人际关系状况时,一位员工喋喋不休地抱怨财务经理的不良习惯。这时,领导就可以把上下级关系引申为人际关系的一种,然后对社会上人际关系的冷漠发一下感叹,一方面表示对他的同情,另一方面把他的思想引向更远的地方,随后提出同事关系和朋友关系的问题,这样引导比直接提问要自然。

引导话题,是一种重要的控场技术,尤其是当大家对某个议题形不成共识,或是不适当公开讨论时,领导要学会适时、自然地转移话题,把大家的注意力引导到其他方面,以避免争论,或是无话可谈的尴尬。

绩效面谈是一个双向交流的过程。但是许多领导却站错了位置,仍然以一种居高临下的姿态借着面谈的机会对员工言传身教、批评教育,这只会增加员工的抵触心理。要想使绩效沟通变得高效、切实解决实际问题,沟通既不能走过场,流于形式,也不能毫无章法、没有重点。所以,领导在听与说的过程中,要学会控场技巧,激发员工交流热情、提高员工工作认识的同时,让沟通有序、顺畅进行,最终达成预期目的。

做好绩效管理要真沟通、多沟通

绩效管理如果用一句话来定义的话,这句话应该是:绩效管理是一个持续的通过沟通实现绩效改善的过程。在这里,"持续沟通"作为一种管理思想应贯穿于绩效管理过程的始终,从绩效计划——设定绩效目标开始,到绩效执行与辅导,再到绩效诊断与提高,整个绩效管理系统的每一个环节都离不开沟通,都需要经由经理和员工之间的沟通来达成。

可见,绩效沟通是绩效管理的灵魂,缺少绩效沟通的绩效管理,从严格意义上来说,并不是真正意义上的绩效管理。不少管理者在制订个人绩效指标时,总是按照自己的想法搞一个目标责任书让下属签个名字就可以了,根本不与下属沟通,让人很难接受。而在考核时,又是一个人闭门造车,凭感觉打分,各位被考核的下属即使有再多的理由和委屈也无法诉说。这样的绩效管理很难产生效果。

现在,企业都在不断引入各种管理工具,绩效管理便是最受欢迎的管理工具之一。在绩效管理中,绩效沟通又是其中一个非常重要的环节。下面我们来看一个绩效沟通的案例。

在单位的食堂,王经理碰到了小李。

王经理:小李,现在方便吗?

小李：什么事情，王经理。

王经理：想和你谈谈，关于你年终绩效的问题。

小李：现在吗？

王经理：嗯，就几分钟的时间，一会儿我还有一个会议要参加。

小李：好吧。

于是小李就坐在了王经理的对面。

王经理：小李，今年你的业绩总的来说还凑合吧，但和绩效好的员工比起来差不少呢，念在你是我的老部下，这次给你的评价是一般，你的意思呢？

小李：王经理，今年公司安排给我的活儿，我都完成了，再说了，我还帮其他同事干了不少活，这个你都是清楚的。

王经理：你说的我知道，但公司给咱们部门的任务，到现在还没有完成，我压力好大啊，如果给你评优了，那其他员工怎么办？

小李：真的，我觉得自己干得还不错。

这时候，秘书直接走过来说："王经理，大家都在会议室里等你呢！"

王经理：好了好了，小李，今天咱们就谈到这儿吧。这次评个一般也没什么，下次还有机会。

小李：可是王经理……

王经理没有理会小李，匆匆地和秘书离开了座位。

这是一个典型的无效沟通的案例。为什么这样说呢？首先，王经理的面谈态度不端正，说话漫不经心，像拉家常一样；其次，面谈环境不合适，在食堂不适合长时间绩效沟通；再次，没有引用数据，说话没有说服力；另外，对下属不够尊重，话谈到一半便去开会。像这样的绩效沟通怎么能让下属信服？怎么能让下属知道自己的问题所在？

缺少绩效沟通的绩效管理，从严格意义上来说，并不是真正意义上的绩效管理。真正的绩效管理要真沟通、敢沟通、多沟通。为此，在企业内部要建立起有效的沟通渠道——正式沟通与非正式沟通渠道。

1. 正式沟通渠道

正式沟通，是事先计划和安排好的，如定期的书面报告、面谈、有经理参加的定期的小组或团队会等。

（1）定期的书面报告。员工可以通过文字的形式向上司报告工作进展、反映发现的问题，主要有：周报、月报、季报、年报。当员工与上司不在同一地点办公，或经常在外地工作的人员可通过电子邮件等进行传送。书面报告可培养员工理性、系统地考虑问题，提高逻辑思维和书面表达能力。

（2）一对一正式面谈。正式面谈对于及早发现问题，并寻找解决问题的方法是非常有效的。一对一面谈可以使上下级间进行深入的探讨，或讨论一些不易公开的观点。另外，这种沟通方式还能使员工有一种被尊重的感觉，有利于融洽双方之间的关系。但面谈的重点应放在具体的工作任务和标准上，鼓励员工多谈自己的想法，以一种开放、坦诚的方式进行谈话和交流。

（3）定期的会议沟通。会议沟通可以满足团队交流的需要；定期参加会议的人员相互之间能掌握工作进展情况；通过会议沟通，员工往往能从上司口中获取公司战略或价值导向的信息。但应注意明确会议重点，注意会议的频率，避免召开不必要的会议。

一位企业的人力资源总监曾得意地给别人介绍企业引进的绩效管理软件系统，凭借这套系统，他们企业绩效目标的设定由主管和员工通过电脑网络进行,每当考核的时候,绩效考核也是全部通过电脑网络进行,主管只需要在电脑上填写考核打分表,然后把表格发给员工,让员工在考核表进行电子签名,再发回到网络系统,就可以了。这样节省了大量的时间,而且不受地域的限制,非常方便,受到了管理者的欢迎。

其实,这种方法在给管理带来方便的同时,也在破坏一些东西,绩效管理是员工与直接主管面谈沟通的过程,在电脑上完成绩效目标的设定和绩效考核的过程,使得员工和直接主管失去了面对面沟通的机会,使绩效考核成为冷冰冰的工具,反而在相当的程度上降低了绩效管理的效果。所以,上述三种绩效沟通方式要综合起来使用。

2. 非正式沟通渠道

除了三种常见的正式沟通方式外,还有非正式沟通,如非正式的会议、闲聊、走动式交谈、吃饭时进行的交谈等。非正式沟通的好处是:形式多样、灵活,不需要刻意准备;沟通及时,问题发生后,马上就可以进行简短的交谈,从而使问题很快得到解决;容易拉近主管与员工之间的距离。

好的绩效沟通,除了要指出员工的问题所在,也要让员工得到成长的建议,得到业务上的指导,得到上司的认可。如果员工得到的只是委屈、郁闷、无助与压抑,那他又怎么能相信绩效沟通,愿意进行绩效沟通呢?

绩效沟通要因人而异

在绩效反馈面谈中,我们会遇到各种各样的员工。反馈面谈以何种方式进行,取决于每个员工的具体情况,同样还取决于你认为什么才是对待每个员工的"最好方式"。比如:

员工A绩效低下,是由于缺乏经验造成的,他愿意学习经验。
员工B绩效低下,愿意接受任何反馈和建议。
员工C绩效低下,对自己的绩效漠不关心。
员工D绩效优秀,缺少进取心,安于现状。
员工E绩效优秀,志向远大,渴望新的挑战。

对于那个绩效低下,但是愿意学习的员工,和那个漠不关心的员工,你能想出两种不同的方式与他们进行面谈吗?当然能!对于第一个员工,你可能会给出一些建议;对第二个,面谈可能就只涉及批评。那么绩效优秀的那两个员工又该如何面谈呢?你可能会考虑推荐那个优秀而有抱负的员工来承担更重要工作职责;对于那个优秀但安于现状的员工,你可能更关注他如何才能保持当前的绩效水平。

面对不同绩效的员工,面谈的内容也是有区别的。在具体的工作中,领导如何根据员工的工作表现进行沟通和反馈呢?

1. 对业绩优秀的员工：适当鼓励

当你的下属绩效非常优秀，与其面谈的时候要注意以鼓励为主，对优秀员工的业绩表现加以认可，并且多了解他们做得好的典型行为。另外，优秀的员工往往有比较强烈的个人发展愿望，在反馈面谈时可以花些时间来了解员工将来的设想，并和他一起制定未来的发展计划。最后，要注意的一点就是，优秀的员工往往对自己比较自信，认为晋升和加薪是理所当然的事情，在这种情况下，领导应该谨慎对待，不要轻易做出加薪或晋升的承诺。

2. 对表现平平的员工：对症下药

对待一直没有明显进步的员工，应该开诚布公地与他们进行交流，查明他们没有进步的原因，然后对症下药。如果个人的动机不足，那么应该充分肯定员工的能力，必要的时候可以使用"激将法"，如"你看，小张原来还不如你呢，现在人家都超过你了"。这样可能会激起员工的上进心。如果他对现在的职位感到不适，可以帮他分析，什么职位最适合他，同时也要听听他的想法。如果员工的工作方法不对，就与他一起分析在哪些方面可以改进。总之，既要让员工看到自己的不足，又要切实为员工着想，帮助他们找到有效的改进方法。

3. 对绩效糟糕的员工：给出建议

领导可能都会有这样的感觉：与那些绩效好的员工进行面谈是一件比较愉快的事情，而跟那些绩效差的员工进行面谈，是一件比较令人头疼的事情。出于自卑心理，员工都不愿意面对绩效差这一事实。如直接点明其绩效差，提出批评，会加重他的自卑，甚至会引起他的反抗情绪。所以，与这类员工面谈时，不要一棒子打死，要帮其分绩效差的主客观原因，并提出改进措施。

4. 对雄心勃勃的员工：务实交流

有的员工可能成就动机过强，显得雄心勃勃。他们往往期望自己能够为组织做出更加重要的贡献，他们会提出很多未来的设想和计划。对于这样的员工，虽然要用事实向他们表明一些现存的差距，但不能对他们一味地泼冷水，要与他们讨论未来发展计划的可能性，帮助他们制定现实的计划。

5. 对沉默内向的员工：开放提问

有的员工沉默内向，在绩效面谈的过程中，不善于主动表达，往往是问一句答一句。

他们在与领导交流时可能会局促不安，紧张而手足无措；也有可能表现得沉静、冷漠、矜持。对待这种员工，要善于提问开放性的问题使他们多表达，同时多征询他们对一些事情的意见，这样可以迫使他们有较多说话的机会。

6. 对脾气暴躁的员工：谨慎争辩

有时，在面谈的过程中，员工的意见与领导的意见发生冲突，员工可能会由于强烈的不满而发火。在这种情况下，领导应该耐心地听员工把话讲完，不要急于和员工争辩，而是要等到员工冷静下来后，再同员工一起找原因，分析问题。

在绩效沟通中，谈话的核心是"绩效"，不是如何去影响、改变员工的行为方式，需要改变的是与他们的交流方式。这就需要领导要因员工的个性、绩效，采取因人而异的沟通方法。

积极引导员工进行自我评价

英国海军上将西德尼·史密斯曾说过:"不论你生来聪明与否,要满足;不要漠视自己的天赋。随着天赋发展,你便会成功。"在职业生涯规划过程中,有一个相当重要的阶段就是进行自我分析。有效的职业生涯规划应从自我认识开始,然后才能谈到建立可实现的目标,并确定怎样达到这些目标。

所谓自我分析,也就是对自己进行全面的分析,通过自我剖析来认识自己、了解自己。了解自己的性格,判断自己的情绪;找出自己的特点,发现自己的兴趣;明确自己的优势,衡量自己的差距。

在过去的观念中,领导者认为,自我分析是员工个人的事情。其实不然,员工作为企业的人力资源,领导有责任引导员工进行自我分析,帮助他们对自己的职业、岗位做出正确的选择。

张先生最近每天都在考虑:要不要一直从事技术工作,要不要换个更有挑战性的工作。他觉得做技术没什么前途,也看不到自己的成长。思索再三,他决定改行做销售,他认为做销售可以接触更多人,可以开眼界。

在辞职信中,他给出的理由是:挑战自己,让自己成长得更快。在部门经理眼中,张先生是一个少言寡语的人,不善与人交往。所以,当他把自己的想法告诉经理后,经理便问他:你的优势是什么?

他说："我善于找规律，找方法，喜欢在学习中总结，而且吃苦耐劳。"

经理摇了摇头说："我就是做销售出身的，你的这些优点好多人都具备，但你知道一个好的销售人员应该具备什么品质吗？"

接着，经理告诉他说："我从事销售和销售管理工作6年，笼络了一定的大中型企业客户资源，也从这多年的工作中，积累了一定的经验。依我的判断，你做销售需从零开始，至少要经历三到五年的学习、锻炼，才能具备一个优秀销售员的素质。而你现在已经30岁了，在计算机硬件编程方面积累了丰富的经验，如果贸然改行，不但过去的积累无用武之地，在新的行业中与年轻人竞争，也没有任何优势可言。所以，你要谨慎辞职。"

张先生觉得经理的话有道理。回去想了半宿，后来改变了主意，不打算再折腾了。

许多时候，员工努力了，付出了，却没有收获，不是机遇问题，竞争问题，而是方向错了。认不清自己的人，在找工作的时候就会很盲目，因为他们看不到自己的优势，看不到自己的问题。如，有个企业招一位总经理助理，应聘者较多，为了得到这份工作，很多学习财会、勘探、市场营销专业的毕业生纷纷聚到招聘席前，询问招聘条件，有的甚至说："只要能聘用我，做什么都行。"

这样的人就是缺少自我评价，他们把工作理解为一份差事，只要有事干，就是工作。不知自己的价值在哪里，自己与别人的不同之处在哪里。

在离职面谈中，要帮助员工在以下几方面进行正确的自我分析与评价。

1. 心理自我分析

心理自我分析主要包括性格、兴趣、能力、气质、意志等方面的分析。心理特点一定程度上决定了其职业选择。如，有些人性格活泼，非常爱动，你让他坐下来做研究性的工作，恐怕不太合适。有些人缺少领导气质，让他做管理方面的工作，就差强人意。尤其是一些新员工，他们选择职业与岗位时，很少会考虑自己的心理特点，所以要么干得不顺心，要么不顺手，说白了，就是自己的性格不适合干这个岗位。所以，人力资源管者要帮员工进行自我分析，好让他们对号入座。

2. 理性自我分析

理性自我分析包括思维方式、思维方法、道德水准、情商、素质等方面的分析。比如，公司要招聘一位技术分析员，符合条件的应聘者很多，那如何从中选择呢？那就需要根据岗位特点有针对性地选择，像那些逻辑思维能力强，有较高道德水准与职业素养的人，可以优先考虑。如果是从内部选拔，也要优先选择这样的人。如果是对员工进行培训，首先要让员工认识自己的在这些方面的特点，然后帮助他们分析自己的不足与优点，使培训更有针对性。

3. 社会自我分析

什么是社会自我分析？即要认清自己在社会上所扮演的角色，自己在社会中的责任、权利、义务、名誉，他人对自己的看法，以及自己对他人的看法。社会自我分析很重要，许多人都能认清自己的性格特点等，但是对自己在企业中扮演的角色很模糊，对自己的责任也不清楚。所以，帮助员工进行社会自我分析，可以让员工对自己有一个更准确的定位，对自己的职业有更深刻的认识。

要想帮员工做好职业规划，先要帮助员工清醒地认识自己，认识自己才能不断提高自己。为此，领导在离职沟通中，要引导员工自我评价、自我剖析，并为员工指点迷津。

第 8 章

激励沟通，物质犒赏不如精神褒扬

古人有云："矢不激不远，人不励不奋。"调动每位成员的积极性，充分发挥个人潜能，使组织始终保持高昂的士气与强大的活力，是每一个企业进行绩效激励所追求的目标。绩效考核、沟通是绩效激励的前提，也是吸引、开发和留住人才的重要手段。

沟通力 12项修炼

没有尊重，就不要谈激励

一些调查显示，很多企业不是没有激励，而是激励措施不当，才使员工失去了动力。如果不想使激励失效，领导要做好以下几项工作：

1. 尊重员工

过去企业更多考虑如何尊重管理人员，对基层人员考虑不足。比如，基层员工的工作服与管理人员的不同，质量款式都差很多；食堂也不一样，环境与伙食质量很糟糕。有一家企业，员工的流失率很高，让老板很头疼。为此，他也经常开会给员工打气，并时常给优秀员工发一些奖金，但是收效甚微。后来，才发现员工离职的主要原因是，食堂伙食不好。而且，工作环境差，且没有安全保障。更要命的是，管理人员经常对犯错的人员大声呵斥，随意罚款。在这种环境下，员工根本没有受尊重的感觉，更谈不上工作热情了，一旦有其他企业做得稍好一点马上走人。

很多企业认为这样做可以节省成本，其实仔细算一下这样成本更高，比如招聘成本增加、熟练员工流失产生的效率损失和损耗增加、员工士气低落导致产出下降等等。

日本有些企业在这方面值得我们学习，比如工作服、食堂的统一，干净整洁的工作环境，领导对员工的彬彬有礼，员工与管理人员一起享受有薪假期，优秀员工有机会与最高领导共进晚餐，等等。虽然日本企业的薪资水平在中国并不具有明显优势，但他们的人员流失率却很低。

2. 培养认同感

无论是小孩还是成人都需要被肯定，但是很多人却忽视这一点。比如小孩子好不容易画了一张画，或做了一个手工，跑过来给家长或老师看，家长或老师挥挥手说："到一边去，没看我正忙着吗？"几次之后，这个小孩肯定不会再给他们看了，甚至画画或做手工的兴趣都没有了，他这样做并不需要家长或老师给予他什么物质奖励，而是想得到肯定："你做得真棒！"

同样的，员工也需要这样的肯定，哪怕是一句话，拍一下肩膀，他都感觉自己的价值得到了上司的认同，工作会更有干劲。比如，有些企业实行提案改善制度，其实并不是真的想靠此带给企业多大效益，效益高低更多还是取决于经营管理层，而是想用这种方式调动员工参与管理的热情，让他们获得公司的认可："你不是一个可有可无的人，你的知识和技能能够对公司有所贡献！"

3. 建立公平有效的激励机制

领导者要做到以身作则，公平公正对待下属，物质激励等奖惩标准要透明、科学合理，长期激励和短期激励相结合。比如，有些企业喜欢采取计件工资制，认为这样公平合理，多干多得，管理也简单。其实不然，计件单价很难定得公平合理，单价高的抢着干，单价低的没人干，每人只顾自己，不管别人，给相互协作造成很大困难，更重要的是，员工觉得自己是临时工，干一天活挣一天钱，哪天生病了或有事请假，则分文没有，生活没有稳定感，对企业也没有什么感情，只要听说哪里能多挣几块钱立马走人。所以企业需要重新考虑一线员工的薪酬体系，加入长期激励因素，比如固定的岗位工资，随着工作年限的增长、技能的提高、业绩表现好等不断加薪，乃至晋升，用好的职业发展来吸引和留住核心员工。

所以随着就业环境的改变，企业要想吸引和留住那些核心的一线员工，就需要转变激励方式，将过去只用于管理人员的激励机制下沉到基层员工身上，让他们确实感受到被尊重、被认同，有合理报酬及好的职业发展。

绩效激励讲诚信，切记放空炮

绩效激励是指为实现组织发展战略和目标，采用科学的方法，通过对员工个人或群体的行为表现、劳动态度和工作业绩以及综合素质的全面检测考核、分析和评价，充分调动员工的积极性、主动性和创造性的活动过程。

在现实中，许多企业的绩效激励之所以没有效果，或者遇到很大的阻力，是因为管理者念歪了"绩效激励"这本经。比如，有些企业打着"绩效激励"的幌子克扣员工工资，有的企业为了炒人，或者实施末位淘汰制，也要进行所谓的"绩效激励"。当员工看到这样的激励时，多少会对企业产生一些不信任感。

郭先生在一家三线城市的灯具销售公司做人力资源总监，老板30多岁，手下有30多位员工。公司刚刚起步，产品销售难度比较大，销售人员的业绩都不是很好，所以老板一直没有对员工的业绩做过要求，员工也都没什么压力，过一天算一天。

后来，老板觉得这样下去公司没什么发展，便想引入绩效激励机制。一天，他找到郭先生商议："可不可以降低员工底薪，增加销售提成，来提升员工的积极性，进而扩大销量呢？"郭先生之前也想到了这个办法，但是觉得实行起来有点难，他知道这个行业本身难做，底薪太低了，大家的激情就没有了，还有些人肯定会离职。如果不调低薪，大家又没有什么压力，当一天和尚撞一天钟,产品销量上不去。

所以,他和老板讲了自己的想法。老板说,可以试行一段时间。当郭先生把起草的绩效激励方案分发给员工时,大家的抵触情绪很强,他们认为公司在变相调低工资,有的员工甚至直接提出辞职。

老板见状,只好暂停了绩效激励方案的实施。

在这个案例中,员工为什么很抵触绩效激励方案?原因有二:行业本身不好干,许多人也都是将就着干;员工认为,所谓的"绩效激励"就是变相调低工资,增加工作压力。要知道,员工追求高收入就像企业追求高利润一样,员工希望多劳多得,就像企业希望投资了就得有回报是一样的。

那在这个案例中,老板如何将考核和激励融合在一起?

这就需要改变思维,不要再天天盯着员工的问题,而是想着如何让员工可以拿到更高的收入?员工收入越高,代表企业的利润也越高,这样的高工资反倒会降低用人成本,因为员工的潜能被充分挖掘,同时也不怕人才流失,更不怕招不到人。

除了让有能力的员工有较高的收入外,还要对其他员工进行必要的绩效激励,在激励时要把握好以下几点:

1. 及时

如果员工有很强的上进心,就不要等到三个月以后再和他说:"好好干,公司不会亏待你的。"不管是口头的激励,还是金钱与福利激励,都要做到及时。及时激励,能让员工感受到你的重视。

2. 真诚

真诚是面谈的心理基础,不可过于谦逊,更不可夸大其词。要让员工真实地感受你确实是满意他的表现,你的表扬确实是你的真情流露,而不是"套近乎",扯关系。只要这样,员工才会把你的表扬当成激励,在以后的工作中更加卖力。通俗地说,你的表扬和溢美之词一定要"值钱",不是什么都表扬,也不是随时随处都表扬,而是在恰当之处表扬。表扬要真诚,发自肺腑。

3. 具体

在表扬员工和激励员工的时候,一定要具体,要对员工所做的某件事有针对性地具体地提出你的表扬,而不是笼统地说员工表现很好就完事。比如,员工为了赶一份计划书而加了一夜的班,这时你不能仅仅说员工加班很辛苦,表现很好之类的话,而要提出员工做的具体工作,比如:"小王,你加了一夜的班赶计划书,领导对你的敬业精神很赞赏,对计划书的编写很满意。"这样,小王就会感受到不仅加班受到了表扬,而且计划书也获得了通过,受到了赏识,相比较,后面的话可能更会对小王有激励作用。

所以激励要具体化。当看到员工的表现在持续改善时,激励或表扬的方式也需要创新,总是一句"有进步"或"表现不错",说久了,显然会失去新意和鼓舞性。

4. 有度

激励的话也不能说得过了头,要把握合理的度。激励不是无休止的,比如,某员工以前经常迟到,经过激励后,有一个月没有迟到了,在会上领导不能每次都拿他做典型:"小李表现很好,现在很少迟到,大家要向他学习,小李也要把这个好习惯继续保持下去。"小李可能会想:真是小题大做,这种事值得翻来覆去讲嘛。不管是激励的频次,还是激励的分量,都要把握度,过犹不及。

可见,绩效激励也是很有讲究的,恰当的激励能充分调动员工的工作积极性,增强员工的凝聚力和向心力,更好地促进企业的发展。

钱不是激励的第一筹码

员工激励是个大课题，很复杂。说到激励，很多老板首先想到的是给钱，认为"重赏之下有勇夫""有钱能使鬼推磨"。不可否认，企业需要科学合理的薪酬激励制度。领导如果认识不到这一点，往往花钱也解决不了问题。

德鲁克说："对员工最大的激励就是帮助他们获得业绩，只有业绩才能让他们获得成就感。不是加薪，不是晋升，不是奖励，那只是结果而已。"

在任何竞技比赛中，每个人都想赢，那是一种强大的内在动机。做任何工作时，每个人都想成功，那是一股强烈的内心意愿。没有人甘心落后，没有人愿意失败，为了比周围的人更出色，为了让周围的人能认可，舍得付出辛劳，可以加倍努力，这本身就是一种需求，对成就感的需求，而不仅仅是为了钱。马斯洛的需求理论认为，人的最高需求是实现个人价值。那么，比钱更重要、更有效的员工激励有哪些呢？

1. 企业文化

对一个组织来说，没有什么比明确使命、描绘愿景、做出规划，更能激励员工了。而且这个使命、愿景一定是和员工相联系，是员工愿意接受的。纲领是企业的灵魂，纲领能让人兴奋、产生动力、爆发能量。有文化、有纲领大家才知道聚在一起要干什么，这才是一个团队，而不是团伙。

2. 做出成绩

团队要有业绩，让大家有在市场竞争中获胜的体验，员工就会更振奋，有激情。个人要有业绩，支持员工个人不断取得新的业绩，他们就会越来越觉得自己有价值，谁不想有用、重要。当你对员工说：这件事如果让别人做，不可能做得这么好！这句话就等于给他涨一级工资，叫精神薪酬。

3. 获得成长

柳传志曾说过：如果一个员工进入联想三年，没有什么进步，说明我不称职。企业必须让员工成长，人们为什么交学费也要上学校，而有的企业给工资都没人愿去，因为你不能让员工成长。一个优秀的领导，必须要认识到，员工在企业能获得成长，才是最大的特殊福利。

许多企业总认为这些东西是虚的，不如钱管用，所以，不怎么用心。其实，世界上真正优秀的团队，没有一个是靠钱打造的，用钱维系的关系，反而十分冷漠和靠不住。君不见，高薪聘请来的人才，有几个是和企业同心的。

奖是手段，励是目的

大多数领导认为，各种奖励计划是激励员工的最佳途径。但是在实施中发现，要制定一个合适的激励计划，他们得像走钢丝一样小心翼翼。因为，计划不可行，或是有严重的漏洞，不但不会起到激励的作用，还会影响员工的士气。这种奖励就是无效的，无效奖励不如不奖。

国外有一家保险公司，奖励优秀员工的办法是，给他们发放参加当地一家大教堂举行的圣诞庆典的入场券。问题是公司三分之一的销售人员都是犹太人，他们有自己的宗教信仰。

这些员工觉得很生气，他们不敢相信公司竟然会发放这样的奖品给他们。公司的本意是为了奖励员工，结果此举却引发了一场大灾难。最后，员工联合起来抵触公司，在接下来的几个月，保险类、投资类产品的业务量只达到了最低要求。在那段时期，公司出现了巨大的亏损，很多出色的销售人员都因为此事离开了公司。

尤其对于一些中小企业，无效的奖励，所招致的损失是巨大的。这其中包括重新培训员工的费用、生产率降低的损失，以及对员工士气的无形打击。所以，领导在通过"奖"来激励员工时，不能盲目行事。

1. 不要全仰仗物质奖励

物质奖励是最直接的奖励方式，带来的效果也是即时的，它的最大缺点是，当员工表现优异的时候，而没有进行相应的物质奖励，员工可能会心生不满。也就是说，经常用物质奖励来提升员工的积极性，也会惯坏员工。更何况，物质奖励会增加企业的用人成本。所以，可以进行物质奖励，但它绝不应成为唯一的激励方式。其他的奖励方式包括：口头表扬，评比先进，采纳他们的意见，给予适当的假期等。

2. 奖励方式要人性化

奖励方式要因人而异，不能太老套，或是搬照其他企业的做法。如，有些企业喜欢给优秀员工一些荣誉称号，而且月月评，年年评，毫无新意，经常是大家轮流坐庄，所以，激励效果并不明显。这种激励方式最大的问题是，缺少人性化。

有一名优秀的保险销售员，已经连续多年获得公司授予的年度销售人员的称号，也因此而捧回了一大堆奖杯与奖章，最后，他再也不参加公司的颁奖仪式了。有个聪明的经理注意到了他的缺席，便想："此人看重的是什么呢？"后来他发现，这名销售人员的生活重心是他的太太以及三个女儿。于是在第二年，公司请人给他们全家画了一张像，以此作为奖励。这名员工对此是喜不自禁。

所以，要让奖励体现人性化，必须要了解员工的心理需求。比如，员工做出了成绩，要及时进行奖励，结果你拖了很长时间才奖励，那就很难达到预期效果。再如，员工在遇到困难的时候，表现得依然出色，那可以对他说"干得很好"，还可以说"加油，继续努力"。简单的一句话就能让员工干劲更足。

3. 提供职业拓展良机

现在，不少公司都实行这样一种奖励计划：一流的员工可以获得接受教育、拓展职业前景的机会。这个计划对该公司员工而言，是一个很大的激励。每年，员工完成了预期的工作目标，就有机会参加一些培训，或是研讨会。除了阳光和享乐之外，员工还可能获取拓展职业前景的机会。所以，这种激励方式越来越受到一些公司的欢迎。一些调查显示，在100多位被调查的公司高管中，有60%的声称，他们奖励最佳员工的方式是给予员工培训与发展的机会。

4. 个人与团队一起奖

奖励绩效出色的员工本身并没有错，但是要提防在此过程中制造"明星员工"，因为这直接违背了公司打造团队精神的主旨。许多时候，一个企业的发展壮大，靠的不是个别明星员工，而是团队。所以，在对优秀员工进行奖励的同时，也要认可团队的努力，也要对团队进行奖励。

所以，奖是手段，励才是目的。科学合理的奖励，不但有助于保持现有员工队伍的稳定性，而且还能吸引新生力量的加盟。这样的企业才会水涨船高，最终人人都能受益。

容人小过,不要吝啬你的宽容

在一个团队内,领导有批评下属的权力。但是,对于这样的权力,成熟的领导会尽量避免使用,相应地,他们更愿意在下属犯错的时候,给予更多的鼓励。

每个人都难免会犯错误,犯错之后,当事人内心往往会产生愧疚感,对于他们来说,需要的不是领导的批评,而是更多的鼓励与"将功赎罪"的机会。

古人云:凡成大事者不拘小节。《列子·杨朱》里面也有类似说法:要办大事的人,是不会计较小事情的;而要成大业的人,是不会追究琐事的。古人把小节不究看作是对一个人能否成大事、担当大任的关键评价。领导应胸怀大局,不纠缠于细枝末节,看重的应该是人的才干,而不是其他问题。

换言之,作为领导要能宽容下属的过错与缺点,容人小过,不念旧恶,具有这样的胸怀和气度,才会产生不怒自威的效果。

谷歌公司的创始人之一谢尔盖·布林一次偶然发现,员工在上班期间会做许多与工作无关的事情,有些员工拖拖拉拉,有些员工玩游戏。于是公司专门召开会议,商讨如何应对这一问题。

经过一段时间的研究,以谢尔盖为首的几位领导并没有对员工提出新的要求,而是倾向于实施一项新的措施:每个员工在工作期间都可以拿出30%的时间做自己喜欢的事情,不管它们与工作相关与否。

这一规定刚公布,谷歌的一些中层领导感到很吃惊,但很快他们就看到了这项规定带来的效果。员工的工作效率提高了,在工作中出错的概率也减少了。而且,由于对这些员工个人爱好的总结,谷歌还研发出了多款新的搜索功能,为公司带来了丰厚的利润。

如今,各个行业的领导都越来越重视下属的心理,尤其是一些大企业,领导不仅会容忍员工犯错,而且有时还会鼓励下属合理犯错,为此,甚至会创造一些条件。这与传统的管理观念完全不同,但无论怎样,能促进公司内部和谐,帮助公司提升业绩的办法就是好办法。

IBM前总裁安迪·格鲁夫也是以包容下属而闻名的,只要下属在人品和工作能力上没有问题,他从来不对下属在其他方面的小瑕疵做任何评价。对于一些员工经常出现的偷懒、疏忽,他也不正面给予评价,而是让他们去反省。在工作上与他产生分歧的员工,格鲁夫更是大度,不但不生气,还非常乐于和他们讨论,相互交换意见。可以说,正是由于格鲁夫有了容人之量,IBM公司才可以在竞争激烈的市场上攀上一个又一个高峰。

世界上最宽广的是大海,比大海更宽广的是天空,比天空更宽广的是人的胸怀。能否包容他人,是判断一个人是否具有领导气质的重要示准。作为领导,在员工犯了错之后,不要吝啬自己的宽容,不要以为斥责才叫强势,才叫威信。宽容与鼓励才是领导的魅力所在。若是盯着员工的缺点,即使是璞玉,你也无法发现他的光芒。反之,若是你懂得欣赏,就是一块顽石,也能看到他的价值。

表扬要用心,不能乱开支票

领导表扬下属,会给下属以极大鼓励和满足,因为表扬是一种很让人陶醉的奖品。人们总是期望别人对自己能够有一个高度的评价和赞美,并由此调整认识自己的角度和参与竞争的信心。但是,表扬也必须坚持一定的原则,绝不能乱开支票,或把表扬当成了日常礼节。否则,表扬就会失去应有的效果和作用。

1. 表扬要有根据

表扬必须有一定根据才能让人信服,被表扬的人也才会感到你说的是真心话,因此也容易心安理得地接受表扬。

(1)根据为人进行表扬

歌德有一句名言:最真诚的慷慨就是赞赏。赞赏最重要的是要有根据,有了根据能体现赞扬者的真诚,并使被表扬者更加自信。每个人在各方面都有其优势,但笼统的词语难以说明什么,有事实做根据将使表扬变得真实可信。如果留意观察,中层领导将能捕捉对方可爱、优势之处。因为每个人都会有朋友和吸引朋友的力量,重要的就是他的为人之道。

(2)根据处事进行表扬

表扬不一定非要涉及工作,如果发现员工在处事方面有一些优点,可以实时进行赞美。只要领导用心去发现,在每个下属身上都能发现闪光点。这就要求领导平时要与下属多交流,多相处,并认真观察他们做事的方式。

表扬必须要掌握公正这一原则，特别需要做到以事实为依据，以功行赏。赞美有根据，会给人一种受到尊重之感。

2．表扬应该适度

真诚的表扬是恰到好处的。正如一个气球，吹得太小不好看；吹得太大易爆炸，所以赞扬应适度。

（1）有比较地表扬

有一次，汉高祖刘邦与韩信谈论诸将才能高下。刘邦问道："你看我能指挥多少兵马？"韩信回答："陛下至多能指挥十万兵马。"刘邦又问："那你能指挥多少兵马呢？"韩信自豪地回答："臣多多益善耳。"刘邦笑道："既然你带兵的本领比我大，却为什么被我控制呢？"韩信很诚实地说："陛下不善于指挥兵，但善于驾驭将，这就是我被陛下控制的原因。"

刘邦自己也曾说过，统率指挥百万军队，战无不胜，攻无不克，他不如韩信。这是他做了皇帝以后对自己的评价。韩信的称赞，首先肯定了刘邦控制大臣为自己效命的能力，但又指明了他在带兵作战方面与自己相比有不足之处，正与刘邦的自我评价相吻合。话说得很实在，很坦诚，刘邦不但不怒，反而很满意。

（2）留有余地地表扬

常言道"瑕不掩瑜"，指出对方的缺点和不足，并提出一定的希望，不仅不会伤害赞扬的力度，相反，却使赞扬显得真诚、实在、易于为人接受。

真诚的表扬要有所保留，像"最好""第一""天下无双"这类的帽子别乱戴。有个企业的广告词说"只有更好，没有最好"，就显示了企业的真诚承诺。

领导应该记住，表扬首先真诚，真诚就要有所保留，而不是全盘肯定。表扬可以谈其优点、长处、成绩，不谈其不足；也可能既赞扬又批评，还可以提出领导的希望。无论采取哪种方式，都要掌握好分寸，把握好"度"。

3. 表扬要有新意

讲话缺少新意，太过老套，效果会大打折扣。表扬下属一定要有新意，有新意才更受听。

（1）新颖语言

表扬应该给人一种美的感受。新颖的语言是有魅力和吸引力的。简单的赞扬也可能是振奋人心的。但是，如果某种表扬不错，却多次被使用，也会显得平淡无味，甚至令人心烦。用新颖语言赞扬他人，即能显示领导语言运用的才能，也能使被赞扬者更快乐地接受。

（2）新鲜的表达方式

表达赞扬的方式有很多，领导要针对不同人、不同场合、不同时间选择最恰当的方式。在选择赞扬方式时，既要考虑表达方式的新意，又要考虑对方的感受及最后的效果，只要综合去思考，领导总会找到最适宜的表扬他人的表达方式。

（3）独特的角度

每个人都有优点和可爱之处。赞扬要有新意，要独具慧眼。领导要善于发现一般人很少发现的"闪光点"和"兴趣点"，即使一时还没有发现更新的东西，也可以在表达的角度上有所变化和创新。

正如每把锁都会有相应的钥匙，每个人都有其独特之处，先要把握好"点"，把握好角度，才能让沟通变得轻松顺畅。

4. 表扬要与时俱进

人和事物总是在不断发展变化的，只是发展的倾向和变化的大小有所不同而已，领导对员工的表扬也不能固定不变，没有发展。不要以为只要是好话，人人都愿意听。因为再好的食品和菜肴，要是天天都吃，谁也受不了。所以，表扬别人也要不断地有所发展变化。

表扬不是简单地赞美，更不是乱开支票，而是需要领导用心去发现，留心下属身上的可赞之处，然后把好听的话说到点子上。自然、贴切，而不失风度，这样才能让下属感受到你的真诚，以及赞美的力量。

学会从三个层面鞭策员工

鼓舞员工的士气，开发员工的潜能一直是领导工作重点之一。不论是激励经验丰富的老员工，还是激发新入职的员工，领导除了要注意语言技巧与方式，还要从不同层面演绎激励策略，以提升激励的效果。

一个优秀的领导者，通常会从如下三个层面激励员工：

1. 从公司层面上激励员工

许多公司的管理者都意识到，让员工分享公司的经营成果，是激励员工、鼓励他们参与管理的有效措施之一。美国西南航空公司是航空业第一家推行利润分享计划的公司，员工可以将自己通过利润分享得到的奖金的四分之一购买公司股票，公司也会定期为员工提供财务和业绩数据。结果是，这家公司破纪录地8次获得本行业的三冠王：行李丢失最少、旅客投诉最少、航班准点率最高。员工通过自己的努力获得了企业与个人发展的双赢。

清朝末年，山西商人乔致庸在改革"复字号"的经营体制时，曾使用"红利"。他的做法是破除以往只有"掌柜"，也就是今天的店长，在生意里顶着一份身股，享受到四年账期可以领一份红利的制度，破天荒决定给所有伙计（员工）也顶一份身股，这使得他旗下的员工向心力凝聚，还吸引了其他商号中能干的人士前来投奔，这样，商号在扩大经营前，就获得了优良的人才储备。

不论是过去，还是现在，从公司层面激励员工，都能起到非常好的效果。比如，现在许多企业通过员工持股来激励员工。

2. 在团队层面上实施激励

成功的团队都洋溢着一种积极的精神，吸引所有的成员通力合作、为共同的目标努力。在国际通信市场上，华为作为中国民族企业，最先被认为是低品质、低价值产品厂商，并不被欧美市场的运营商看好。然而，他们凭借强大的团队精神——团结和奉献，创造了自己的核心竞争力，赢得了如沃达丰、英国电信等世界顶级运营商的青睐。华为创造了让对手心寒的速度，华为从签合同到实际供货只要四天的时间。

在华为公司，各事业部每年评选的最佳团队奖一直被员工认为是最高荣誉，因为获奖不仅意味着个人业绩受到肯定，也预示着自己的团队精神获得整个公司的认可，在公司未来的发展中拥有更多的机会。

在一个公司中，团队可大可小，可以是一个部门，也可以是一个小组，从团队层面激励员工，可以增强团队的协作精神，提高团队作战的能力。

3. 在个人层面上激励

懂得欣赏员工的公司，常常鼓励员工在工作中独立自主。美国微波通讯公司鼓励员工积极行动，获得成长，首席执行官说："在我们公司，从不开除犯错误的员工，而是开除那些从不犯错误的员工。"还有些公司会信任并授权员工独立处理问题。这都是在个人层面最有效的激励措施，因为信任和鼓励的力量有时候远远超过金钱，员工因此感到人格被尊重，能力被认可。每个员工都有实现个人价值的强烈愿望，领导善于欣赏和认可员工，正是对他们的最好激励。

在企业管理中，激励员工的方式是多种多样的，在不同时间或者不同的环境下都可以采用不同的激励方式。而要保持激励的良好效果，领导者应从以上三方面鞭策员工不断地去进步，激发员工的工作热情，让员工在工作中越走越稳，越走越快。

第9章

惩戒沟通，把问题谈透而不是把人批臭

在越来越讲究人性化管理的今天，优秀的领导惩戒员工时，惩往往不是目的，而是一种激励手段。而更高明的领导，会将惩戒转化为沟通，从根源上与员工把问题谈开、谈透，而不是一味地批评。

批评也是一种领导力

许多管理专家与学者都认同这样一种观点:"冷酷"可以为你带来权力和影响力,"柔弱"有可能会削弱你的权力和影响。其实,许多领导也有切身的体验,有时,员工犯了错误,自己柔情细语地和他讲道理,甚至去感化他,非但不能教育、唤醒他,反而会被认为是一种妥协、软弱。如果有理有据地批评他,甚至狂风暴雨似的责备一番,反而能达到教育、警醒的目的。

所以,对领导来说,批评不仅是一种艺术,也是一种领导力。这种领导力主要表现在以下几点:

1. 批评可以提升你的影响力

苹果公司的巨大成功让许多人重新认识了乔布斯的价值,围绕乔布斯的领导艺术展开了多方面的研究和讨论。有人对乔布斯进行了深入的解读,认为乔布斯运用了几乎所有经典心理学上的关于如何控制人的技术来维持和提升他的权力与影响力。首先,要让他人退回到一种像小孩子一样无助的境地。这可以通过责骂、威胁来实现。然后,一旦他们的自信被摧毁,他们就会变得像婴儿一样,需要一个父母式的形象来指引他们。再次,他们会将自己的成功归因于这个像父母一样的领导者的权威和引导。

也就是说,员工之所以听话,主要是由于乔布斯那近似无理、粗暴的批评。这就是乔布斯领导艺术的精髓。实际上,在许多书中记载,那些知名的有权力和影响力的商业领袖,像华为的任正非、哇哈哈的宗庆后，以及甲骨文的拉里·艾立森、微软的比尔·盖茨等都不是性格温和的人，而是非常有"脾气"的人。这也验证了意大利著名政治家尼科洛·马基雅弗利的一句名言："君主应当让人畏惧，这比让人爱戴重要得多。"

现实中我们也会发现，那些有脾气的领导者往往有威望，容易做成事情，而那些没有脾气的领导者往往得不到他人的重视，这就是因为在他的身上没有威慑力，大家不怕他。当你感觉自己无法对他人施加影响，甚至感到无能为力的时候，也许这一切是因为在你的身上缺少一种"威慑力"。

2. 批评可以提升下属的潜力

优秀的领导者，他们的行事风格有时虽然让人"很不舒服"，但是却能给下属注入持久的热情，极大地提升他们的积极性与潜力。还以乔布斯为例，很多人都认为，他是一个完美主义者，他提出的很多想法在大家看来几乎是不可能的，但出于对乔布斯的畏惧以及想取悦他的强烈愿望，大家都努力地去验证他的想法。如，有时他会说下属花几个月心血完成的设计是"狗屎"，或是"你的广告烂透了"，却又说不出自己的创意。虽然下属很沮丧，但还是会倾尽全力，拿出更好的备选方案。

类似这样的事情有很多，比如乔布斯要求 iPhone 手机面板上只需要一个控制键，所有的设计师和工程师都认为这是不可能的，但在乔布斯的一再"要求"下，这个创意最终还是实现了。

有一次，《财富》杂志的一个记者问乔布斯如何看待关于他要求苛刻的名声一事时，乔布斯这样回答说："我的工作不是做和事佬。我的工作是领导我们这些出色的人才，不断予以鞭策，并且让他们做得更好。"

从许多优秀领导的"批评"中可以明白这样一个道理：批评并非都是针对错误而来的，有时你做得不错了，仍然要批评你。也就是说，领导者会通过批评来"挤一挤"下属，让他们释放更多的潜能。

3. 批评可以提升你的声誉

一般情况下，批评会招致抱怨、疏远，这也是众多领导者不愿意批评的重要原因。而且许多研究证明，领导者的"亲密"行为会拉近与他人之间的距离，容易得到下属的喜欢。但是，这样的"亲密行为"并不一定会赢得他人对你的尊重。

如果你的批评能够让他人看到希望，让他人有超越自我的感觉，或者说，如果你能够带领大家实现共同的梦想，那么，你的批评就会为你赢得好的声誉。这也就是为什么许多人从内心里喜欢强大、强势的领导的原因。

当然，作为领导不可以滥用批评的权力，过分地依赖批评有可能会损害你的领导力，不仅无法激励你的下属，反而会削弱下属工作的积极性和主动性。所以说批评也是领导力，而且是一种非常有效的领导力，关键是你要能够发挥出"批评"的正能量来。

把握批评原则,把丑话说得体了

从系统论的角度来看,否定和批评下级的过程就是系统有效地克服偏差、完善组织机制的过程。通过这一过程,系统的目标更加明确,行动更加一致,因而更能有效克服所面临的各种困难,实现系统功能。同时,从控制论角度来看,否定和批评下级的过程,也是作为控制者的上级有效地克服系统反馈的过程。通过这一控制过程,可以使控制者洞观全局、明察秋毫,保持与被控制者(下级)有效的信息传递,使系统始终处于活性状态,达到领导系统的良性运转。

如果再从人际交往的角度来看,否定和批评下级的过程,更是领导者与被领导者意见沟通的过程。通过恰如其分的批评和否定,上级与下级之间达到相互认知和情感交流,彼此肝胆相照,卸掉精神包袱,轻松愉快地开始下一步的工作。

所以,领导者适时地、恰当地否定和批评下级不仅是必然的,而且是必要的。那种毫无原则、恣意放纵下属的做法,与科学的领导方式是背道而驰的。但问题的关键在于,如何恰到好处地否定和批评下级,体现在语言上则要求领导者的讲话具有高超的艺术性。

1. 唯事原则

正确的批评应该是对事不对人。虽然被批评的是人,但绝不能搞人身攻击、情绪发泄。因为要解决的是问题,目的是为了今后把事情办好。只要错误得到了改正,问题得到了解决,批评就是成功的。因此,领导者必须首先弄清事情的来龙去脉,据此同下级一起分析问题的成败得失,做到以理服人。由于对事不对人,下级便会积极主动地协助领导解决问题。反之，不分青红皂白，撇下问题而教训人，就容易感情用事，使下属误以为领导在蓄意整人而存在思想疙瘩，一时难解。

2．唯实原则

虽说中国有句古训，叫作"闻过则喜"，然而并不是每个人都愉快地接受别人批评的。上级批评下级，要使下级达到心悦诚服，没有"以权压人""以势压人"之感，必须努力做到以下几点：

（1）实事求是。进行批评，态度和方法都很重要，但最基本的还是事实准确与否，有无出入，该不该某人负责。如果事先调查不够，事实真相与得到的情况有差异，被批评者就难以接受；如果有人提供了情况，打了"小报告"，领导者以此为据，大加批评，那就更加难以服人了。所以，上级批评下级，事实要准确，责任要分清，原因要查明。

（2）公正民主。公正是一切人际活动的前提，民主是意见沟通的基础。只有公正，才能正确无私地否定和批评下级；只有民主，才能使下级有申辩的机会，发表看法，实现双向沟通。那种不讲公正、不讲民主，实行强力灌输或高压政策的做法，是不可能使下级从内心里服气的，公正、民主是有效地否定和批评下级的根本保证。

3．因人而异原则

既然批评是针对人的工作，就必须因人而异。那种企图用单一的模式生套活生生现实的做法，只能到处碰壁。因人而异，就必须考虑被批评对象的各种具体情况。

（1）职业情况。不同行业有不同行业的批评要求。同一行业，不同工种、不同职务级别有不同的否定艺术。对工作能手和初学者，对担任领导工作的下级和一般工作人员的批评也是不应该一样的。一般说来，随着下级工作熟练程度和行政级别的提高，要求应该越来越严格，虽然方式各有不同。

（2）年龄情况。同样的问题，对不同年龄的人的批评是有差别的。对年长的人，一般应用商讨的语言；对年龄相差不多的人，就可以自由一些，毕竟彼此共同的地方多一些；对年少的下级，就应适当增加一些开导的语句，使其印象深刻。并且，批评时的称谓也是有差别的。总之，不同年龄的人有不同的特点和要求，运用否定和批评的语言艺术不可等同视之。

（3）知识、阅历情况。不同的下属，知识、阅历情况是不同的。上级在否定和批评下级时，必须根据其知识、阅历的不同施以不同的语言艺术。知识、阅历深的人需要讲清道理，必要时只需蜻蜓点水，他便心领神会，无须唠唠叨叨，没完没了。相反，知识、阅历浅的人必须讲清利害关系，我们看重的是结果如何，而不理会其中的奥秘究竟怎样。可见，不同知识、不同阅历的人，他们在接受批评时的心理状况是有很大差别的。领导者如何运用语言艺术，使下级既接受了批评，又有正中下怀、如遇知己之感，是完善领导工作的重要课题。

（4）心理情况。心理，是一个外延很广泛的概念。这里主要指下级的气质、性格、对工作的兴趣和自我更正能力。上级否定下级必须首先在心理上占上风，否则将不会成功。

当代瑞士心理学家卡尔·荣格曾将人的性格分为外倾型和内倾型两类。外倾型开朗、活泼。善于交际；内倾型孤僻、恬静、处事谨慎。我们采用这种分类法，试图指明领导在批评下属时要根据其性格的不同，采取不同的谈话方式和语言。对于前者可以直率，对于后者需要委婉；对于前者谈话要干净利落，对于后者措辞要注意斟酌。至于介乎二者之间的中间性格类型的人，可以随机应变、因人而异。

4. 适度原则

但凡为人处事都要有个"度"，否定和批评下级也是如此。度是一个哲学范畴，它指一个事物保持自己质的数量界限。在实际生活中，人们习惯于称度为"分寸"，也就是说，为人处事要适当、适度，要讲究分寸，过与不及都是应当避免的。那么，怎样理解否定和批评下级的语言运用中的"度"的问题呢？按照度的一般规定，可做下述分析：

（1）质的把握。一般说来，批评和否定大都要本着"团结—批评—团结"的原则进行，在运用语言的过程中就有一个质的差别问题。批评的目的是要把问题谈透，而不是把下级批臭。因此，虽是批评，词语也要有讲究，切不可气势汹汹，一团杀气。即使下级错误较重，或态度不太好，也不必吵吵嚷嚷，搞得四下不安。身为上级的领导者，应该表现出一定的大家风范和君子气派，而不必鼠肚鸡肠，斤斤计较。必要时可适当选用具有一定模糊度的语言，暂为权宜之策。

其次，下级虽是同志，但毕竟犯了错误，需要批评而不是褒奖，如果批评时语言没有分量，嘻嘻哈哈不了了之，也就失去了批评的意义。这个没批评好，后继者将有恃无恐。本着惩前毖后的原则，要维护制度的威严，不能放弃原则，赏罚不明，使纪律松弛。

（2）量的限制。同是犯错误，轻、重可能不同，批评的语言也应相机而变。倘若等量齐观，"一视同仁"，各打四十大板，就会引出一些不必要的错误。该轻则轻，不能揪着辫子不放；该重则重，切莫姑息迁就。此外，男女性别不同，心理有异，因而在批评异性下级时还要做适当考虑，做到有理、有节。

质的把握，即丁是丁、卯是卯，不能混淆；量的限制，则指该一说一、该二说二，必须区别对待。而所谓度，也就是质的把握和量的限制的有机统一。在这种统一中，领导者批评的效果应力求达到最佳状态。

一般说来，下级对于改正错误、改进工作是有浓厚兴趣的。此时领导者的指导性批评无异于一支清醒剂，会使其加倍努力工作。相反，对于那种缺乏兴趣的人，必须多费口舌调动或激发其改进工作的兴趣。对于那些无视批评、屡教不改的人，在严厉批评的同时，也要采取一定的组织行政措施，以儆效尤。

训诫员工讲方法，别张口就来

领导都希望员工遵守组织的规章制度，为组织的利益而努力工作。要达到这个目的，通常有两种方法：奖励和惩戒。如果员工工作干得好，管理者通常会对员工采取赞赏、加薪、提升等奖励措施，以强化员工的行为，使他们把工作干得更好。如果员工违反了组织的规章制度，管理者通常会对员工进行训诫，以便使他们改变自己的行为。

训诫可以使员工改变自己的不良行为，比如旷工、迟到、随便请假等等，是管理工作中一个不可缺少的方面。但是如何训诫员工才能收到预期的效果，而不至于使情况变得更坏，这里面有一定的讲究。

1. 事先告知组织纪律

作为领导，在对员工的违规行为进行训诫之前，应当让员工对组织的行为准则有充分的了解。如果员工不知道何种行为会招致惩罚，他们会认为训诫是不公平的，是领导在故意找茬儿。因此，为组织制定一个行为规范并公之于众是至关重要的。

2. 训诫要讲求实效性

如果违规行为与训诫之间的时间间隔很长，训诫对员工产生的效果就会削弱。在员工违规之后迅速地进行训诫，员工会更倾向于承认自己的错误，而不是替自己狡辩。因此，一旦发现违规，要及时地进行训诫。当然，注意及时性的同时也不应该过于匆忙，一定要查清事实，公平处理。

3. 训诫要讲求一致性

一致性要求对员工进行训诫要公平。如果以不一致的方式来处理违规行为，规章制度就会丧失效力，打击员工的士气。同时，员工也会对领导者执行规章的能力表示怀疑。在训诫员工的时候，要具体问题具体分析。当对不同的员工进行不同的训诫时，应当使人相信这样的处理是有充分根据的。

4. 训诫须对事不对人

对员工的行为进行训诫是因为员工的行为触犯了规则，因此训诫应当与员工的行为紧密联系在一起，而不是与员工的人品联系在一起。要时刻记住，你训诫的是违规的行为，而不是违规的人。训诫之后，管理者应当像什么都没发生一样，公平地对待员工。

5. 训诫要有具体理由

对员工进行训诫时，首先应当清楚地向员工讲明在什么时间、什么地点、什么人，实施了什么行为，违反了什么规定。然后，应当给员工一个辩解的机会。如果领导者自身掌握的事实与员工讲述的差距很大，应当重新进行调查。同时，仅仅引证公司的规章制度还不足以作为谴责员工的理由，因为这样他们往往认识不到自己的错误，而抱怨组织制度的不合理性。正确的做法是，向违规者讲明违规行为给组织带来的损失。比如：迟到会增加别的员工的工作负担，影响整个组织的士气，导致组织的任务不能及时完成，等等。

6. 训诫时态度要端正

训诫是基于权力之下的一种活动。领导者在进行训诫时，必须平静、客观、严肃地进行，以保证训诫活动的权威性。训诫不宜用开玩笑或者聊天的方式来进行，同时，也不能在训诫时采取发怒等情绪化行为。这同样是不严肃的。训诫是为了让员工改变行为，而不是吵架。

所以，训诫下属要想有成效、有建设性，需要领导者真正负责任地去思考、分析下属的表现和发生的问题，而不是简单地以上司身份来指出表象的错误，确实需要领导者付出耐心、诚心和爱心。

多和犯错下属做换位思考

人们在沟通之时，总会产生许多分歧。对此，创建了著名的松下电器公司的松下幸之助先生在做生意的过程中总是尽量缩短与对方沟通的时间，以提高会谈的效率。经过长期的修炼、感悟，他终于领悟到以宽容的心态，多去体谅对方的心理情绪。凭借这条哲学，他与合作伙伴的谈判突飞猛进，人人都愿意与他合作，也愿意做他的朋友。松下电器公司之所以能迅速成长为世界著名的大公司，与松下的沟通哲学不无关系。

在每一次沟通中，松下幸之助先生总是抱着这样一种思想：如果我站在对方的立场看问题，我会想什么、想得到什么、不想失去什么？

体谅了对方的立场和情绪，松下先生往往就会从困惑、犹豫、矛盾中获得一种快乐——发现一项真理的快乐。后来，他把这条经验教给松下的每一个员工。

面对犯错的员工，领导要宽容对方，就要学会站在对方的立场考虑问题，考虑对方的所思所想、所喜所忌。宽容下属的前提之一，就是领导者能够站在下属的立场上看问题。每一个人都具有一定的差异性，由于性格不同、经历不同、思维不同，在待人接物和处理事情上，都会有一定差异。在工作中，一些鸡毛蒜皮之事常常成为矛盾的导火索，这便是缺乏宽容的结果。在批评下属之前，如果能够设身处地为对方想一想，做一个"如果我是对方,我会怎样说、怎样做、怎样思考"的假设,很多问题就可能会消失得无影无踪。

作为领导,宽容自己的下属,就要理解对方的心理情绪,做到感同身受。心理学上有个词,叫作"同理心",意思是能易地而处,设身处地地理解他人的情绪,感同身受地明白及体会身边人的处境及感受,并恰当地回应其需要。具有"同理心"的人能从细微处体察到他人的需求。

同理心必然需要换位思考。换位思考是理解他人的基础,面对着可能出现的不理解,我们不妨把自己假想成对方,站在对方的角度、对方的位置、对方的处境、对方的立场和对方的角色上来思考问题,多想想"如果是我,我该怎么做?我会怎样选择?"换位思考的前提是换位要准确地换到对方的位置上,如果换位不到位,或是换位不换人,你的思考就达不到应有的效果。换位思考的目的是思考,如果只换位不思考,换位思考就变得有名无实。

总之,领导者要多站在下属的立场上看问题,以宽容的心态,多体谅下属的心理情绪,这是沟通的正确方法和智慧。

员工认错后，忌再穷追猛打

人非圣贤，孰能无过？谁都有犯错误的时候，员工犯错误也是一种成长。批评犯错误的员工，是领导经常必须面对的，却又很不情愿去做的工作。

对员工来说，犯错误是第一阶段，认错是第二阶段，改错是第三阶段。不管是经过批评后认错，还是未经批评而主动认错，都说明他已到达第二阶段，当领导的只能努力帮助他迈向第三阶段。怎么帮他？除了给他思路、方法，必要的批评教育也是必需的。

当然，批评只能限于帮他认错、改错这个层面，一旦员工认识到了自己的错误，领导要适可而止，既不宜再深究，也不能硬缠，应该转移话题。

有些上司喜欢"痛打落水狗"，员工越是认错，他咆哮得越是厉害。他心里是这样想的："我说的话，你不放在心上，出了事你倒来认错，不行，我不能放过你。"或者："我说你不对，你还不认错，现在认错也晚了！"

这样的谈话进行到后来会是什么结果呢？一种可能，是被骂之人垂头丧气，假若是女性，还可能号啕大哭而去。另一种可能，则是被骂之人忍无可忍，勃然大怒，重新"翻案"，大闹一场而去。

这时候，挨骂员工的心情基本上都是一样的，他们认为："我都承认错误了，你还让我怎么样，真是太过分了。在这种领导手下，叫人怎么过得下去？"性格比较怯懦的人会因此而丧失信心，刚强的人则说不定会发起怒来。

显然，领导者这么做是不明智的。

有的领导会说："不是我得理不让人，这家伙一贯如此。做事的时候漫不经心，出了问题却嬉皮笑脸地认个错就想了事，我怎么能不管他？"

的确有这样的人。即使这样的人，在他认错之后再大加指责乃是不高明的。不论真认错假认错，认错本身总不是坏事，所以你先得把它肯定下来。然后顺着认错的思路继续下去：错在什么地方？为什么会犯这样的错误？错误造成了什么后果？怎样弥补由于这一错误而造成的损失？如何防止再犯类似错误？等等。只要这些问题都解决了，批评指责的目的也就达到了，管它是真认错还是假认错呢？

要知道，一千个犯错误的员工，就有一千条理由可以为自己所犯的错误做解释、辩护。员工有能力自我反省，在挨批评之前就认错，实在是已经很不错了。当员工说"我错了"，当领导的还不能原谅他，那只能说明这个领导的心胸、气量有问题，至少个人的层次、形象会显得很矮小。

如果员工挨了批评，能立即认错，那就不要再责备对方，特别是一些极轻微的错，第一次犯错误和不小心犯错误等，只要稍微提醒他一下即可。如果一定要批评，也要做自我批评，从自己的身上找原因。否则，继续批评员工，会引起他的情绪反弹。

所以，批评要掌握火候，要适可而止，不能在一件事上纠缠不清，或是穷追猛打，只要员工认错态度好，不管是发自内心的，还是权宜之计，都要得饶人处且饶人。

批评要就事论事，别碰老伤疤

一般说来，人们并不喜欢揭人疮疤。生来就喜欢揭人疮疤的人是少数。但在情绪不好的时候，暴怒的时候，可就难说了。尤其是领导者，因为人事材料在握，对别人的过去知道得一清二楚，怒从心头起难免出口不逊，说些诸如"你不要以为过去的事情没人知道"之类的话。

对于今天该指责的事项，引用过去的事例是不适当的。只有当过去的例子可以作为追究事理方面原因的资料时，才可以把它拿出来。

如果牵扯到人的问题，感情的问题，那么别人就会产生这样的心理："都已经过去的事情了，现在还抓住不放，真太过分了。在这种上司手下工作，只怕是一辈子也不会有出头之日了。"

揭人疮疤，除了让人勾起一段不愉快的回忆外，于事无补。这不仅会叫被揭疮疤的人寒心，旁人一定也不大舒服。因为疮疤人人会有，只是大小不同。见到同事浓血淋漓的疮疤，只要不是幸灾乐祸的人，都会有"兔死狐悲，物伤其类"的感觉。

"并不是我喜欢揭人疮疤，而是他的态度实在太恶劣，一点悔过的意思都没有。我这才忍不住翻起旧账来的。"有的上司辩解说。

这并不是不能理解的。如果有必要指责其态度时，只要针对他的恶劣态度加以警诫即可。每次针对一件事比较能收到好效果。集中许多事时，目标分散了，被批评的人反而印象不深。

调查表明：凡是喜欢翻旧账的上司，也喜欢把今天的事情向后拖延。这种拖延的人，指责员工也不干脆。他不能迅速解决问题，就会将各种问题、包括某人过去犯的错误累积起来，不知什么时候又提出来，完全失去了时间性，这是很笨拙的做法。

企业中的各种事务都要有个完结，这很重要。过去的事已经过去，我们应该努力把现在的事情做好。没有"今日事今日毕"的好习惯，把现在事拖到将来，那么，在将来的日子里，你就得不停地翻旧账。这是恶性循环，办事越拖，旧账越多，旧账越多，办事越拖。

上司要杜绝揭人疮疤的行为，除了要知晓利害，学会自我控制外，还须养成及时处理问题的习惯。不要把事情搁置起来，每个问题都适时解决，有了结论，以后也就不要再旧事重提，再翻老账。

常言道：清官难断家务事。许多人常常只因听对方提起一件小事或对方多说一句话，便怒火中烧，争执愈演愈烈。夫妻吵架越来越激烈的原因，往往也是互揭对方的疮疤。例如一方口无遮拦地脱口说出"你过去做了……"，此话一出口，情况便无法收拾了。

为什么旧事重提会引起对方如此的反感和愤怒呢？其实不只是夫妇之间，一般人亦然，事过境迁之后，总认为自己已得到对方的宽恕，相信对方必然将过去的事忘了，并从此信任对方。所以，当对方重提旧事时，内心自然愤怒至极，认为原来他只是装作忘记，事实上他仍记挂在心！如此一来，不但从此不再相信对方，且可能因此而形同陌路。

此种心理也可运用在指挥员工的情形中。当上司对员工说"你的毛病又犯了"，相信员工必定感到相当反感。须知上司如果经常重提往事，员工必认为自己的上司就像"秘密警察"一样。从此以后，也许再也不愿向上司倾诉自己的真正想法了。

虽然有很多现实的情况，必须以责备的方式来教导员工，但请切记，绝对禁止揭旧疮疤。

话说对了，惩罚也是激励

在实际工作中，许多领导常常会思考这样的问题：员工犯了错误，是以激励为主还是以惩处为主。这涉及管理学中的 X 理论和 Y 理论，即把人的本性看作是向善的还是向恶的，如果认为是向善的，就会以激励为主，通过激励来达到激发员工的工作热情、提高工作效率的目的。如果认为是向恶的就会以惩罚为主，通过严惩来达到规范员工行为、使员工在外在制度规范的约束下，集中精力工作，提高工作效率。

事实上，在具体的操作中往往是二者并用，做到赏罚分明，激励和惩罚并用。但问题是，有的领导在管理中不善于惩罚，只善于激励，而有的领导只善于惩罚，而不善于激励。尤其具体到一件事情当中，比如员工犯错误时就只有惩罚，似乎不惩罚不能起到杀一儆百的作用，不惩罚就不能体现规章制度的严肃性，不惩罚就不能显示领导管理者的威严。这都很难达到预期的效果。

在职场，尤其对于恃才傲物的员工，当他们犯了错误之后，一定要注意惩罚的方式。这类人的最大特点就是，认为自己比他人比领导聪明，所以当他的顶头上司管理他时，他内心有一种逆反情绪，这就是管理者常说的不服管。管理者也往往带着情绪和偏见来管理这样的员工。

小李在某公司就职，业绩一直数一数二。一次，他认为某项

沟通力 12项修炼

工作流程需要改进，于是他向主管提出了自己的意见，主管认为他多管闲事。一次，他私自违犯工作流程。主管发现后，带着情绪批评了他。而他不但不改，反而认为主管有私心，于是就和主管吵翻了。主管反映到部门经理那里，经理也带着情绪严肃批评了他，他置若罔闻。于是经理和主管就决定严惩，有的认为应该开除他，有的认为应扣他三个月奖金，小李拒不接受。于是部门经理就把问题报告到老板那里。

老板于是就把这位早有耳闻的业务尖子叫到办公室谈话。见面后，老板没有批评他，而是让他先叙述事情的经过，并通过和他交谈，交换意见和看法。老板发现，小李确实很有想法，他违犯的那项工作流程确实应该改进，而且还谈出了许多现行的工作流程和管理制度中存在的不完善之处。在小李讲话的过程中，老板像朋友一样倾听，渐渐地，小李的情绪开始变得平和了，也开始认识到自己的错误。在老板试探性地询问下，他也说出了自己的错误，及应该受到的处罚。

此后，老板与部门经理以及主管交换了意见和看法，经理和主管也都认同了"人才有用不好用，奴才好用没有用"的道理，大家讨论后决定，以小李自己认为应受的罚金减半罚款，让他在班前会上公开做了自我检讨，并补一个工作日。他十分愉快地接受了处罚。事情过后，发现小李一下子改变了原来的傲气和不服的情绪，并积极配合主管的工作，工作热情大增。大家说他好像变了个人似的。

员工违犯了规章制度，就必须处罚。不然，就等于有错不咎，赏罚不明。但如何罚？简单地照章办事，罚款了事？这是一般常规的做法。这样就有可能造成该人才的流失，跑到竞争对手哪里去，弱己强敌。如果真是这样，那在公司内部就会形成这样一种极为恶劣的影响——劣胜优汰。形成这样一种氛围的话，企业早晚非垮掉不可。

因此，在必须处罚的前提下，不仅要留住人，更要留住心，这样才能从根本上解决问题。在上面的案例中，小李之所以愉快地接受处罚，关键不在于他使流程得到了改进，而是他的意见被采纳了，他的才能得到了肯定。而且，最终的经济处罚比他心理预期的要轻，他感到庆幸。这就相当于他准备花100元买这次错误，而结果只掏了50元，在一定程度上等于奖励他了50元钱，他岂能不高兴、不感激呢。

所以说，员工犯了错，惩罚是应该的，但惩罚也要讲究技巧，巧妙的惩罚也可变为激励——运用惩罚的手段达到激励和奖励的目的，甚至可以达到单纯奖励所不能达到的目的。这就是惩罚的艺术性、管理的艺术性、领导的艺术性——变惩罚为激励，变惩罚为鼓舞，让员工在接受惩罚时怀着感激之情，进而达到激励的目的，而不单单是规范和约束。

批评也是爱，打一巴掌要揉三揉

无论任何单位，当员工犯下不可原谅的错误时，身为领导无可避免地要对其加以斥责。然而，一旦呵斥次数过多，便往往起不了任何作用，且极易使部属认为上司性情暴戾、动辄发怒，进而对上司产生反感。身为上司只有在必要时方可采取痛斥下属的手段。

值得注意的是，真正善于领导的统率者，在痛斥部属之后，一定不忘立即补上一句安慰或鼓励的话语。因为，任何人在遭受上司的斥责之后，必然垂头丧气，对自己的信心丧失殆尽，心中难免会想：我在这家公司别想再往上爬了！如此所造成的结果必然是他更加自暴自弃。

此时上司若能"打一巴掌揉三揉"，适时地利用一两句温馨的话语来鼓励他，或在事后私下对其他部属表示：我是看他有前途，所以才舍得骂他。如此，当受斥责的部属听了这话后，必会深深体会"爱之深，责之切"的道理，更加发奋努力。

当然，批评要批评得到位，表扬要适时、具体，不能给员工产生误解。阿里巴巴董事会主席马云在一次演讲中说，有些领导批评了下属后，又于心不忍，于是叫回来再安抚几句，表扬其某些方面的成绩。结果下属心安理得地回去了，下一回还会犯错，结果又被批评，接着又是安慰……待到领导有一天再也无法忍受下属屡屡犯错，将之开除之后，下属心中满腹委屈——我不是一直做得很好吗，不是总在表扬我吗？

很多领导在使用"打一巴掌揉三揉"批评艺术时，都会犯这样的错误，一是批评不到位，二是没有让下属认识到自己的问题，结果，批评成了变相的"表扬"，而且还让员工受了委屈。

打一巴掌揉三揉，也就是我们俗称的"胡萝卜加大棒"，先给苦头再给甜头。如，白天狠批了下属，当天晚上可以打电话给该下属，给予一番鼓励与安慰，那么遭受斥责的部属会心存感激地认为：领导虽然毫不留情地训了我一顿，但他实在是用心良苦。如此一来，下属对于责骂的内容更加牢记在心，大大提高了工作的自觉性。

所以作为上司，应该在员工出现失误时，批评不能少，但不要失去对他的信任与鼓励。同时，要真心实意地帮他改正失误。

朋友之间相处，讲究"患难朋友才是真正的朋友"。领导与员工相处，一个重要的检验时刻就是一方处于逆境时。要想赢得员工的信任，在员工犯了错误的时候，要依然信任他——可以与他一同研究出现失误的原因，而后以真诚的态度，而不是以领导者对员工的态度提出改良的建议。同时，要告诉他，在以后的工作中，你会继续信任他。可能的话，你也给自己揽一份责任，与他共担失误，减轻他的压力，赢得他的信任。

所以，批评决不单单是冷酷无情的，只要讲点艺术，批评完全可以变得和正面的表扬一样激励人，甚至比正面的表扬奖励还要积极有效能。

裁谁只是一句话？没那么简单

裁员，即解除雇用，是指用人单位解除与员工的劳动关系，不再雇用该员工。这在企业用工中是一种十分常见的企业行为，也是企业更换员工，寻求更为合适的员工的手段之一，由此引起的争议在劳资纠纷中比较普遍和突出，绝大多数企业都遇到过此类纠纷。

可以说，裁员是领导最不想，也不愿面对的事，因为中国人讲究人情，谁也不愿意在这件事情上伤害别人。但领导就扮演这样一种角色，经历完招聘，雇佣和留住员工的喜悦之后，总要经历解雇员工的纠结和难以启齿。

小张是一家民营企业的人事经理。出于成本考虑，公司招人和辞退人都非常随意，有用人需求了就去招，不用了就开掉。每年春天，就到了公司的裁人季，因为这段时间是行业淡季。裁人基本上都是无理由辞退，通常都是公司觉得人多了，要节约成本，于是通知人事部"解决"掉哪些人。

前几年是裁减生产员工，最近两年，公司开始缩减管理人员。老板还经常帮着人事部出主意，例如以岗位撤销的名义将人调去一线工作，逼迫他们主动辞职。这些员工基本都是没有什么过错的，如果最后闹僵，公司肯定会面临大笔赔偿。作为人力经理，小张也不希望这样的事情发生，但是每次和老板提及裁员风险时，老板都是让他去想办法。这让他非常纠结。

"降低成本"和"随意裁人"并无必然的因果联系。也就是说，降低成本的方法不仅仅靠随意裁人，裁人并不一定能为公司节省成本。我们看下企业的任性裁人将带来哪些成本？

主要成本包括：招聘员工的招聘成本；重新培训新员工的培训成本；因裁人造成的劳资纠纷的诉讼费用及辞退员工的赔偿；新员工要达到老员工的水平浪费的时间成本；因随意裁人带来公司名誉损伤；因新员工工作不熟练，造成产品或服务质量下降发生的成本……

这其中，因裁人造成的劳资纠纷的诉讼费用及辞退员工的赔偿是非常惊人的。如果企业因为经营困难，或是员工能力与素质低下，必须进行裁员时，人力资源管理者一定要注意裁员的方式方法，争取让员工笑着离开，尽可能减少由此事带来的成本。为此，除了要严格遵循《劳动法》，还要认真做好三个沟通：

第一个沟通：委婉传递信息

面对一个要解雇的员工，领导派人单独和其进行离职面谈，在面谈过程中，员工的典型情绪是否认，抗拒，沮丧与不愿面对。在传递信息的沟通情境中，语言要委婉，不要说"你被辞退了"，同时要运用同理心，理解被裁和被解雇员工的心境，态度要尽可能真诚，并且要设身处地为员工可能面临的各种困境给以体谅和资源支持。

第二个沟通：保持适度态度

对被解雇员工各种负面回应需要保持最大限度的理解。既不能简单粗暴地完成沟通，也不要在沟通中表达过度的同情心，这样只会加重他们的自卑感，会使员工更加充满挫败感，对未来迷茫困惑。

第三个沟通：提供离职方案

经过前两种沟通，有的员工已经开始慢慢接受现实，希望寻求帮助。这个阶段需要沟通的事项包括给员工以激励，介绍同行榜样，同时给出职业发展指导。员工的情绪此时正处于恢复期，他们在重拾信心。这个阶段沟通最重要的就是支持他们，同时提供体面的离职方案，让他们平静而体面地离开。

裁员面谈也是离职沟通的一项重要工作，也是最棘手的工作，所以，裁员时一定要做好员工的情绪管理。正如商界大师罗伯特·莱克（Robert Reich）谈到裁员时所说："采取什么样的裁员措施，比是否裁员更重要。采取人道的手段裁员的公司能更好地保持住留职员工的信任与忠诚。而信任是企业最有价值但也是非常容易消失的资产。"

如果是大面积裁员，相关的方案需向劳动行政部门报告，注意法律并没有要求劳动行政部门批准后才可裁员，只要履行报告程序就行了。

第10章

授权沟通，责任权利一个都不能少

领导永远不要幻想一个人独揽大局，"无权不揽，有事必废"。一个不愿授权、什么都干的管理者，什么都干不好。授权，就要"让别人去做原来属于自己的事情"，这是管理最重要的组成部分。要做到有效授权，领导必须要掌握授权沟通技巧。

沟通，也是权力的传递

领导者不能做事必躬亲的"管家婆"，必须要学会授权，并要恰当地授权。作为一名领导者，如果你把任务交给下属，而不明确阐述其该做的工作内容、可以行使的职权范围、应该达到的绩效水平、完成任务的时限等，你可能会因为下属的"不得力"而招来麻烦。

沟通在授权过程中非常重要，授权是任务、权力的传递，这种传递必须保证是直通的、有效的。授权者必须将项目的预期结果、要求达到的阶段成果等与受权者进行沟通，同时保证这种沟通是舒畅的。

世界著名的领导力及信任领域的演讲家和专家——斯蒂芬·M.R. 柯维曾说过："授权最简约的表达是：让别人去做原来属于自己的事情。授权艺术的全部内涵和奥妙在于：做什么？让谁做？怎么做到最好？"

授权沟通中，领导主要完成两件事：一是分派任务，即领导将部分任务分派给下属，让下属独立完成；一是授予权力，即将权力授予下属，使之有权处理具体的某项任务，授予的权力随着任务的完成而消失。具体来说，在授权沟通中，领导要着重要做好以下四件事：

1. 营造良好氛围

这是授权的基础。良好的氛围是衡量一个领导授权水平的重要因素，也是影响授权沟通的关键。为了营造良好的氛围，领导可以先赞美下属的优点，或是肯定他的工作，抑或是表示对他的信任。这样，下属更能敞开心扉，与领导深入地交流问题。

2. 深入了解员工

如果是临时授权于一些平时不怎么了解的员工，在沟通的时候，要多了解员工的性格、习惯、心理需求等，然后根据他的特长，或是意愿，适当授予某种权限，以给他充分的发挥空间。尤其是新上任的领导，一定要做好这方面的工作。

3. 详细交代工作

领导在授权前一定要清楚授权的内容，把握好授权的方向。交代工作时，要强调哪些是本职工作，哪些是新分配的工作，以及完成新工作的条件，要达成的效果，完成的期限等，这些都要当面交代清楚，同时，还要询问员工有哪些困难。

4. 强调权责对等

没有责任的授权不是真正意义上的授权，领导明确授权内容的同时要注意分解责任。责任分解的目的，是让被授权者清楚他要实现的目标，以及自己的权限范围，这些内容最好以书面的形式确定下来。如果只把一件事情交给下属，而没有明确提出他的权限，那这种授权沟通是不充分的。

古人云：自古不谋万世者不足谋一时，不谋全局者不足谋一域。领导干部缺乏"谋方向""谋全局"的能力，继而"以其昏昏，使人昭昭"，会导致组织不健全以及发展滞后等问题。所谓领导者，领而导之，在其位谋其政，就必须站在全局的高度想问题、办事情。这就要求领导该放手就放手，该授权就授权，而且要懂得授权沟通的艺术，协调好团队的同时，又能让下属各尽其能。

授权谈话也要讲究时机

培根曾说过:"善于识别和把握时机是极为重要的。在一切大事业上,人在开始做事前要像千眼神那样视察时机,而在进行时要像千手神那样抓住时机。"有时候,时机的选择对事情的成败会起到决定性的作用。

授权沟通也不例外,优秀的领导者应该懂得选择最有利的时机将工作自主权授予员工。选择一个好的授权时机,往往能够收到两倍、三倍甚至更大的效果;相反,一个不恰当的授权时机会让授权无法实现应有的收益。

授权的恰当时机可能是一些突发的事件,也可能是公司中一些平常事件的重复出现。对于这些时机,身为领导一定要有取舍,并恰当地对下属授予权利。这时授予权利往往能让下属感到自身的必要性和权力的重要性,他们将会以更积极的心态去对待手中的权力。那么,领导该如何把握授权的时机呢?

1. 自己分身乏术时进行授权沟通

在日常工作中,领导的日程往往会排得满满的,有时遇有一些新情况,自己没有多余的时间和精力去解决,此时,正是授权的最佳时机。领导所要做的真正工作应该仅限于有关公司全局的重要工作,如果大小事情统统自己动手,只会让自己像无头苍蝇一样整天忙得乱转。领导可以大权独揽,但小权必须分散。当你忙的感觉分身乏术时,就应该授予下属权力,让他们去分担你的责任。

2. 下属权力受限时进行授权沟通

拿破仑说过:"不想当将军的兵不是好兵。"员工大都希望成为团队中的重要分子，拥有展现自身才能的大好机会。但在实际工作中，却常常是领导说一步，员工做一步。不是员工不努力，而是他们没有权利做更多或更重要的事，心有余而"力"不足。当下述三种情况出现时，你就应该考虑找下属谈谈工作了。

1）下属隔三岔五向你请示、汇报工作。

2）下属犹豫不决，不敢决策，多次错过机会。

3）下属工作闲散、绩效低下。

此时授权沟通是调动员工积极性的有效手段。坐下来，认真和员工谈谈工作，并授权他们一些新的权力，让其以主人翁的姿态去工作，不但激发出他们的工作动能，而且能减少他们在工作中的阻力，使下属拥有更广阔的发挥空间，最终为企业带来意想不到的收益。

3. 机制发生改变时进行授权沟通

领导者个人的能力是有限的，要肩负起引领企业发展的重任，带领企业在激烈的竞争中不断前进，仅凭领导个人的力量显然不够。

如，公司业务扩展，成立新的部门、分公司或兼并其他公司时，要进行新的授权。再如，公司人员流动较大，需要年轻有活力的管理者主持部门、团队工作时，要进行授权。这都是授权的绝佳时机，一方面可以培养新人，一方面可以建立起一个立体交叉的权利网络。让这个系统、整体、优化的权利网络为你的管理提供足够的支持，施行各种经营策略和管理主张。企业在这个权利网络的控制下，一定可以朝着正确的方向有序发展，并逐步使企业达到最优状态。

汉高祖刘邦，论智谋不如张良，论管理不如萧何，论领兵打仗也不如韩信，但他得到了这三位人才的辅助，最终赢得了天下。在企业中面对能力强的下属，压制的方法万万不可取，善用这些人才能让企业获得更大的发展。当下属的能力足够胜任眼下的工作时，就要在合适的时候授权给他们，身为领导，你所要做的就是调兵遣将、运筹帷幄。这样的领导才算是优秀、高效能的领导。

"你办事,我放心"也要巧表达

信任是授权的前提。经营之神松下幸之助有一句名言:"最成功的统御管理是让人乐于拼命而无怨无悔,实现这一切靠的就是信任。"这句话道出了授权的精髓。"用人不疑"这句古话说的一点都不错,管理者只有对授权对象拥有足够的信任,才能发挥授权的最大效用。

王辉是公司的一名销售人员,上周结束的例会上,张经理向他布置了本季度的销售任务。这个季度张经理划分给王辉很多重要客户,这让他既有压力又十分兴奋。经过几天对客观资源的系统分析后他终于拟好了一份销售计划,并交到了领导手上。第二天,张经理请王辉到他的办公室说明情况。

"计划写得不错,就是格式有点乱。"听到经理的第一句话这样说,王辉紧张的心情顿时放松了下来。他忐忑地问:"我的季度销售计划是不是预算开支比较大啊?要不要我回去改一下,然后再向您汇报。"这是王辉很担心的一个问题。

"从这些重要客户能带给我们利润来讲,你的预算开支并不大。这些费用不是问题,我看这个计划很可行,只要你有信心,那就去做吧,千万不要让时机错过了。"

王辉听到张经理这样说,顿时信心十足。三个月后,王辉果然取得了非常出色的销售业绩。

成功的授权，正是源于信任的力量。如果当初张经理再将王辉的计划拿去复审、考证，不但会贻误了商机，王辉内心也一定会产生更大的负担和压力。等到审核完毕，再把这个销售计划交给王辉去完成，恐怕也不会很顺利。毕竟，任务牵扯到重要级别的客户、大数额的开支和来自领导的压力，就算王辉能力再强，到真正实施时，他肯定还是会犹豫的。

张经理做出的这个决定是明智的，他给予了下属充分的信任，让他有足够的发挥空间，这才使任务最终得以准时、高效完成。

在授权中，为了表达对下属的信任，领导必须说好两句话：

第一句话：放手去干，出了问题我来担

有些员工在授权沟通中，表现得并不积极，虽然授权对他们来说是一个机会，但他们有自己的顾虑：出了问题咋办，会不会是领导给自己出难题？为了打消他们的疑虑，让他们相信，你是信任他们的，相信他们能把事情办好，在授权的时候，需要特别强调：你们尽管放手去干，出了问题我来担责。这既显示领导的一种气度，也极大增强下属的信心。许多时候，下属缩手缩脚，就是因为领导少说了这句话。

第二句话：事情交给你办，我很放心

领导向下属授权以后，就应该坚定地信任下属，给下属营造一种"你办事，我放心"的感觉。话可以直接说，也可以委婉地传达这层意思，让员工清楚：这么多人，领导为什么偏偏看重我？一旦员工感受到领导的重视与信任，会极大地提升自己的干劲儿。所以，有经验的领导在授予员工某种权力时，会说"你办事，我放心"。其实事情将来会办得怎么样，员工心里都没谱，但是有了领导这句话，自己的精神头就不一样了。

授权沟通中，只有在上下级之间建立起互相信任的关系，才能使授权行之有效。所以，授权时领导一定要向员工传达这样的信号：我信任你，也相信你能做事情办好。而不要显得疑虑重重，话说出来，再收回去，或是"再考虑考虑"等，这本身就是对员工的不信任。如果决定授权于某个员工，就痛痛快快地告诉他：舞台足够大，你尽管去施展自己的才华。

布置工作"事"小，门道却大

员工做得好不好，关键在于管理人员说得好不好！看似简单的分配工作任务，往往也会南辕北辙。要知道，用20%的效率做正确的事情，往往比用100%的效率做错误的事情更有成效。

在实际工作中，有不少这样的领导：他们因自己的地位与身份而产生优越感，经常在工作中吆五喝六，处处彰显领导的权威。尤其是授权下属完成某项工作时，一贯采用命令式的口吻。自己以为这样做，才像个领导，下属才会乖乖地听自己的。其实，这种说话方式会严重打击员工的积极性，而且也很难让人心服。

最常见的例子就是，领导板着脸，一本正经地说："张三，你过来一下，我有点事情要和你说。"张三进了领导的办公室，领导一屁股坐在椅子上，跷着二郎腿说："你用最快的速度把这份材料赶出来，明天一上班就交给我，我明天一到公司要看到，不想听任何借口。"张三可能会说："好的，我尽力吧。"这时领导脸一沉，顿时来一句："什么叫尽力，是必须！"张三只能先应承下来。

领导类似的说话方式还有：

"我跟你说过多少次了，可你总是记不住，你要按我说的步骤执行！"

"你先暂停一下手上的工作，下班前必须把这件事搞定！"

"你哪来那么多理由，你必须按我说的去做！要不你来当领导。"

面对这样一个颐指气使的领导，下属一定会面色冰冷、极不情愿地接受任务，去完成它。也仅仅是完成而已，不是尽全力做好它，更不是超额、超质完成。原因是没有人喜欢领导者的命令式口吻和高高在上的架势。

任何一个员工都无法接受别人对他指手画脚，呼来唤去。要知道，领导与员工的关系是工作层级的上下级，不是人格尊严的上下级。趾高气昂、自傲自大的态度只会激怒下属，对工作对团队没有任何好处。

领导者在授权时一定要避免命令式口吻。传递信息时要考虑到自己的言谈举止能维持下属的自尊，使其以为自己很重要，从而希望与你合作，听从你的指派。在平时的工作中，领导要学会以让人舒服的口吻布置工作，或交流问题。

1. 建议式口吻

在给下属布置工作时，不要把话说得太绝对，少说"你必须""你一定"等。取而代之，要多用建议的口吻。如果你用建议式的口吻，聪明的下属会立马领会你的意思，知道你是在委婉地提出某些要求，所以，一般不会正面和你杠。

如，你可以这说：

"从目前工作的重心来看，我建议你先以新客户为切入点。"

"现在这个阶段，先做品牌营销会更合适一些吧。"

"我有一个建议你可以考虑一下。"

2. 商量式口吻

一天，陈红的办公室突然闯进来一位不速之客，不是别人，正是公司的王总经理。看他的脸色不大好，办公室的气氛一下子紧张起来。就在大家你看我，我看你时，王总很不客气地说："赵主管在哪儿，赶快把人找来！"

陈红问："什么事儿，王总。"

"别废话，赶快给我去找人。"

陈红也不敢再多问一句，起身出门去找人。

赵主管一进门，就被王总劈头盖脸一顿猛批，连解释的机会都没有。原来，赵主管没有按王总的意思与客户谈判，让他非常生气。

像王总这样的领导，虽然气势很盛，领导范十足，但是很难在下属心中树立起威信。做工作，每个人都有自己的思路与想法，在授权时要多和下属商量。如：

"对于这件事我说一下我的想法，我想知道你的意见是怎样的。"
"我打算这样实施我们的计划，不知你还有没有更好的想法。"
"这是我对这个任务的意见，欢迎大家补充。"

即使下属出了错，也要先询问其中的原因，了解下属的真实想法，而不能一味发泄自己的不满。

3. 询问式口吻

如果自己心中已经有了主意，但不确定下属接不接受，可以先以询问的口气试探一下。如，可以说：

"关于这件事情，我更想听听你的意思？"
"你认为做好这单生意，应该注意哪些方面呢？"
"对于这个计划，我们应该选择A方案还是B方案呢？"

如果下属在某些方面的意见和自己不谋而合，那可以顺势讲"在这一点上，我很赞同你"。或者说"你讲到的这点挺重要，咱们一会再聊聊"。接下来，把自己原本要讲的意思，结合下属的想法，再以一种平和的语气讲出来，这样，不管下属心里是否反对，他都比较容易接受。

这三种授权时的说话方式，其精髓是相同的，就是尊重下属。满足下属的自尊心，就能使下属积极、主动、有创造性地完成工作。即使是采用这种方式指出了下属工作中的不足，对方也不会产生抵触心理，没准还会对你心存感激。因此，当你授权给下属时，一定要避免用命令式口吻。

有效授权不必交代操作细节

现在,很多管理者都懂得授权这种管理方法,可有些时候,权力虽然赋予了,却并未达到理想的效果。领导在授权时生怕员工无法完成任务,所以对任务从开始到结束每一个步骤都做出非常具体的要求。在授权时过于在意细节,会束缚员工的思想,当然无法激发员工的积极性,授权也就成了空谈。

某公司研发了一款女性专用手机,并计划批量生产,然后推向市场。这款手机与市面上其他手机相比,有更明确的群体定位。总经理想用做广告的方式来宣传这个卖点,进而打开市场,提升品牌知名度。于是他叫来了下属小刘,打算把这件事交给他来做。

"我们的女性手机很快就要上市了,我提取了一笔广告预算经费,做广告这件事就交给你了。"总经理这样说道。

得到这样的授权,小刘非常高兴:"您放心吧,我一定能把这件事情办好。"他自信满满地做出了保证。

"哦,希望如此,"总经理继续说,"具体怎么做我已经拟好了一个方案。我们要分两个渠道来做广告推广,分别是杂志和网站。杂志方面你去联系比较畅销的女性杂志。广告的主题要突出女性的特点,色彩要绚丽,这一点你和广告设计师好好沟通一下。跟杂志的广告部也一定要多联系,争取给咱们放在同等价位最醒目的版面。价格方面也要多沟通,力争最大的优惠,具体怎样操作你按照我给出的方案进行就可以了。接下来我跟你交代一下在网站上打广告要注意的细节……"

小刘听总经理这么一说，顿时没有了先前的激情。

可以说，这是一次失败的授权，既没有实现授权的价值，也不能激发员工的积极性。其实管理者在向员工授权时只需告诉其目标和任务这些必要因素即可，无须布置操作细节。既然你选择了将这件事交给你的下属来做，那么就要相信他能够把细节做好。

过度在意细节会使员工丧失发挥主观能动性的机会，让下属一味遵从自己的细节指导，无异于给他们的想象力和创造力带上了沉重的枷锁。员工得到这种授权，也只是空洞的授权，就算对工作有更好的想法也无从发挥。

美国通用汽车公司总经理基隆的一席话道出了授权的真谛，他在聘请著名管理学家德鲁克任公司管理顾问的第一天就表示："我不知道我们要你研究什么，要你写什么，也不知道该得出什么结果。这些都应该是你的任务。我唯一的要求就是希望你把认为正确的东西写下来，你不必顾虑我们的反应，也不必怕我们不同意，尤其重要的是，你不必为了使你的建议为我们接受而调和和折中。在我们公司里，人人都会调和和折中，不必劳驾你，你当然也可以调和和折中，但你必须告诉我们，正确的是什么。"

管理者进行授权之后，只需要积极地为下属创造一个独立进行工作的环境。领导的工作重心应在管理，而不是具体事务；重在战略，而并非战术。要让授权行之有效，就不要太在意细节。

谨慎责备犯了错的员工

领导者授权之后,不可避免会担心下属在操作过程中出现失误、造成损失。但领导者既然选择授权给下属,就要相信他们,并允许他们偶尔犯错,不要太较真,更不要做完美主义者。否则,只会出现一个局面:无人可用。所以,聪明的领导者不但善于授权,而且善于积极引导授权后犯错的员工。

某集团的总裁张先生对待员工非常宽容。有一次,他授权刘先生负责某个项目的运营。在项目运营过程中,刘先生收受了承包商的回扣,张总得知此事后,勃然大怒,并且在高层会议上大发雷霆,狠批了刘先生一顿。之后,张总听说刘先生家庭曾出现变故,因为经济拮据,一时头脑发昏,才想到了向客户伸手。数年来,刘先生一直兢兢业业,为集团做出了很大的贡献,且工作能力很强。

考虑到这些情况,张总做了一个让所有人吃惊的决定:委派刘先生到集团旗下的另一家公司去做经理,并告诫他不要再犯同样的错误。这个决定也让刘先生惊愕不已。

事后,也有人责怪张总"心太软",可他却一笑置之。他之所以这么做是因为:一来,刘先生是位不可多得的人才,能力出众;二来,在过去的几年中,刘先生一直忠心耿耿,为集团的发展壮大立下了汗马功劳,而且从来没出现过大的错误;三来,刘先生收受回扣,是因家庭突遭横祸,急需用钱。

基于以上几点,张总相信刘先生会认识到自己的错误,并记住这次教训。事实也证明了张总的想法,刘先生到新公司就兢兢业业、廉洁奉公,赢得了公司上下一致好评。

金无足赤,人无完人。完美的人才是不存在的,每个人或多或少都有些缺点,但瑕不掩瑜,领导者不能因为下属犯了一些小错误就不依不饶、纠缠不止,甚至对这个下属全盘否定。宽容下属,不但有助于下属认清自己的错误,而且还能激发他的感恩之心、奋发之心。

1. 宽容错误也是精神鼓励

充分的授权,才能激员工的工作热情与进取意识。所以,授予员工相应的权力后,要让员工放开手脚去干,不要因为一时的失误而否定对方,或是揪住不放。适当宽容下属的错误,也是精神鼓励。杰克·韦尔奇说过:"惩罚失败的后果是,没有人会勇于尝试。"错误对员工自身已经是一个打击,如果你再对其进行严厉的批评,甚至不再给他任何机会,往往会挫伤他对工作的积极性。此时,不如强调一下员工在工作中努力的一面,让他以积极的态度去面对失败,并从中发掘经验教训,为成功奠定基础。

2. 体量难处方能赢得人心

下属犯了错误,绝不要动辄实施惩罚,或者造成一个让人恐怖的氛围。领导要根据情况,视其动机和程度,做到具体问题具体分析。例如下属偶尔发生下面这样的事情,你应该宽容处之。如,下属偶尔越权,或自作主张,或是无意间丢了一些文件,或是向客户提供了一个错误信息等。这些都算不大的错误,只要让员工认识到自己的错误就可以了,切莫要求事事完美。对待犯错误的员工,要尽量体谅他们的难处,多加鼓励,让他们感受到你的关心和尊重，然后根据其以往的表现和自身的能力给予将功补过的机会。这样一来，下属不仅会尽全力完成任务来表达对你的感谢，同时也会激励其他员工的积极性。向下属展示你的宽容，你将赢得他们长久的忠心。

3. 责备员工先要自我检讨

如果一定要责备下属，那必须先要责备自己。因为权力是自己授的，责任不能由下属一个人来承担。如果一开始就做出了错误的授权，那更要自我检讨。有的领导挑下属毛病的时候很积极，下属犯了错，更是恨不得跳起来，从头数落到脚，自始至终把自己置身事外。如果下属做出了贡献，功劳倒要先抢去一部分。这样的领导不懂授权的艺术，而且，也很难获得下属的信任。优秀的领导，一定懂得与下属共进退，既要向下属授权，又要为下属担责，在批评下属之前，也一定会先自我检讨。这样才能赢得下属，关键时刻才会有人可用。

有些领导可能认为：自己授权员工做某项工作，他就得万无一失，否则，就是对自己的不重视。老虎还有打盹的时候，在授权后，要允许员工犯一些错误，只要不是原则性的，要尽可能表现自己的宽容。这样，才能体现自己的领导气度，而且，你越是宽容、体谅对方，越能激发他们的斗志，出于感恩的心态，他们定会把工作做得更出色。

第11章

薪酬沟通，别让薪酬成员工"心愁"

好领导更愿意和员工谈钱，不明智的领导才只谈理想。因为一个愿意和员工谈钱的领导，也一定愿意和员工谈理想，反之，则行不通。所以，优秀的领导特别注重薪酬沟通，不回避在员工面前谈钱。

谈薪要坦诚，别纠结于"小钱"

根据一些薪资表调查，超过70%的领导者觉得他们在和员工谈薪资时说话不是"非常自信"。尤其当自己不是决策人，不能最终拍板，就显得不自在了。谈少了，下属不干，谈多了，老板不乐意。不管是不是你的决定，可以肯定的是：和员工公开坦诚谈工资是领导工作中一个重要的部分，也是一整年中最重要的谈话。所以，领导不能回避这个问题，要学会理性面对。

1. 薪资要早谈常谈

你越经常和员工谈薪资，你会觉得谈起来越容易。你可以在新年开始之际跟员工谈薪资，如谈论他要达到的目标，他期望得到多少奖金，或需要什么样的晋升空间，如果这些都没有达到会怎么样。接下来的时间要经常检查，并谈论他在工作中的表现。这样，在年底的时候，他就不会反对你做的正式评估和薪资决策。之所以要询问员工在新的一年中的期望和晋升空间，就是为了避免他后续的失望和期望。

2. 做个人表现评估

薪资应该和表现联系起来，但是，要分开讨论这两个话题。如果在员工表现不佳的时候谈薪资，会给他的心理蒙上阴影，他会认为领导是为了克扣工资，才在这个时候来谈薪资。如果在员工表现非常优秀的时候谈，则会吊高员工的胃口。所以，在这两种"极端"情况下都不宜谈工资。在谈之前，要对员工的个人表现做一个综合评估，在谈的时候，要多关注他的个人成长与发展，过一段时间，再与他谈加薪或奖金的事。

3. 谈论他们的价值

在大多数情况下，这个谈话是一个告诉员工他们对企业重要性的机会。领导和员工是伙伴关系，领导得让员工知道自己极其重视他们的贡献，要明确表明自己很欣赏他们的工作，不要只让奖金或加薪这些数字发话。

4. 准备好回应

即使觉得你给他们带来了好消息，也请你为一些不满情绪做准备。因为你不是圣诞老人，能给每一个人他们所想要的一切。当有员工不高兴时，确保你倾听他们的心声，理解他们的情绪，但是不要深挖。如果员工满足加薪条件，那就借机表达对他的信任，并提出更高的要求与希望。

与员工谈薪酬时一定要坦诚，尤其小幅调整员工薪资时，不要太纠结，太晦涩，也不能对这个员工一个样，对另一个员工又一个样，最后，大家私下一交流，原来全是你在"捣鬼"。这样，不但有失威信，也会影响到接下来的工作。所以，坦诚交流薪酬问题，即使员工对薪酬不满，也会理解你是公平的。

加薪不将就，话要说到位

70%的问题是因为沟通不到位产生的，而有效的沟通可以解决70%的问题。这充分说明了沟通的重要性。要让加薪取得良好效果，除了要拿捏好加薪的数额，还要做好与各部门的协调、沟通。有企业给员工大幅加薪，但因沟通不到位、不透明，员工却并不满意，老板还有意见；有的企业虽说给员工加薪不多，但因沟通做得较好，也很透明，获得加薪者本人很高兴，其他员工也很服气，老板还乐呵。可见，加薪是否透明，直接关系着员工的满意度。

那如何提高加薪的透明度呢？关键是做好三个沟通：

1. 与人事部门沟通

部门领导可与人事部门进行沟通，内容大致如下：一是加薪的依据分析，包括业绩、能力、奖惩等，与公司薪资管理制度进行比较，以便接下来引导员工认清自己加薪的理由；二是在工作中员工需要提升的地方；三是分析公司和部门的实际情况，包括优势和困难，以及今后的计划安排；四是进行同事间的比较，如将A同事与B同事进行业绩、能力、表现的比较，使加薪幅度让其他员工服气。

通过以上交流后，可以确定一个基本的加薪幅度了，同时，也等于走了相关的审批流程。当然，具体加多少，在与员工沟通前，一般是与部门经理和人事部门协商好的。

2. 与部门员工沟通

在实施加薪过程时，也就是在办理相关加薪手续过程中，部门领导可以和部门内的员工进行交流。一方面，体现加薪的公平公正原则，一方面也是对全员的一种激励。在沟通时，部门领导要明确这次加薪的具体情况，如加薪的人员，加薪的大概幅度，以及相关的依据等。部门经理始终要站在公司的高度，以便回答员工的问题，切不可没有根据地乱讲。这一点十分重要，也就是中层管理人员要管好自己的嘴，统一思想认识，对各自部门的员工的疑问要善于解释和沟通。

3. 与员工本人沟通

正如前面所说，加了高薪，如果沟通不好反而滋生问题，加得不多，如果沟通到位还能把许多问题给解决好。所以，确定为员工加薪后，一定要与员工本人进行必要的交流。在交流过程中，要把握好以下几点：

（1）多问、少说、多听

面谈时，应该向加薪员工多提问，了解其工作能力和工作计划。让员工多表达其真实的想法，而不去横加干涉，尽可能了解其最想表达的内容，看是否符合企业的价值观。

（2）以激励员工、明确目标、提高工作要求为主，而非对以往工作的总结表彰

很多企业在进行加薪面谈的时候，对员工大加表扬，对其工作也是大加赞赏。有时候，仅仅是"好好干，以后机会多的是"……诸如此类。这对提高员工绩效没有任何的帮助，对员工来说，也没有明确的发展目标。其实，面谈的主要目的，是给员工提出更高的目标，对其工作提出更高的要求，激励其不断地提升，而非简单的总结表彰。

（3）平衡落差，授予希望

有时候，加薪的幅度没有达到员工的期望，这时在面谈时不能仅仅以安慰、抚慰来解决，而应该指出要达到员工的期望，员工还有哪些不足，还有哪些仍需改善。只有做到这点才能达到安抚员工的目的，才能更好地调动员工的积极性。

所以，为员工加薪时，不能图省事，要做好全方位的沟通工作，在平衡公司、员工的利益的同时，让加薪变得更公平公正透明。

涨薪沟通要抓住核心点

薪酬沟通并不是简单随意的聊天,薪酬沟通是有技巧的,也是有章法的。当员工因为薪酬没有达到预期而表达不满或开始懈怠工作的时候,一定要进行薪酬沟通。

薪酬沟通是个敏感的话题,通常企业会避而不谈,而且将薪资标准严格保密。但实际上,员工私下议论纷纷,甚至可能会由此引发诸多猜测和不满。所以,薪酬沟通要及时、准确。

王经理是一家一级资质地产企业的工程部经理。工程部是集团公司的重要业务部门,共有员工14人。王经理平时工作敬业努力,对员工的业务指导也很到位。新财年之初,公司决定下一年给大家涨薪,每个人都非常高兴。

但是最终涨薪方案出来之后,大家却非常失望,普调5%的比例和大家的预期相差很大。员工要么抱怨,要么选择离职,去了别的企业。短短的两个月时间,工程部门有六名骨干离开了公司。

工程部王经理面临巨大的压力,当人力资源总监找其谈话的时候,他说:"我也与他们进行了沟通,他们因个人原因离开,我也没办法。"很明显,六名骨干大多是因不满公司的薪酬而离职的,王经理认为薪酬政策是由公司制定的,所以问题不是出在自己的管理上。人力资源总监认为,是因为王经理没有及时和员工进行薪酬沟通,进而平息员工的怨气,才让他们选择离职。

这是一个典型的有关薪酬沟通的案例，是一个很考验主管管理技巧的工作，想把这个沟通做好，让企业满意，让员工满意，的确很难。但是，想把事情搞砸，却一点都不需要技巧，就像王经理一样，直接向老板把双手一摊："薪酬政策是公司制定的，我也没有办法。"这肯定不是解决问题的方式。

员工因公司的薪酬调整没有达到预期而离职，一般也不是马上就表现出来的反应，通常都是在薪酬政策公布之后一段时间才做出的决定。实际上员工很好地应用了坊间广泛流传的说法，即所谓的"骑驴找马"。在正式提出离职之前，聪明的员工早已经通过各种渠道找到了新"东家"，而员工选择新"东家"的最常见的理由就是薪酬水平比现在的要高。

如果出现这种情况，企业涨薪空间又非常有限，那该如何与员工进行薪酬沟通呢？这是部门主管的职责，也是领导要思考的问题。关于这个问题，可以从以下三个角度来思考：

1. "高"薪是否是权宜之计

通常，一个企业想要从另一个企业挖一个人才，往往需要给出更有竞争力的薪酬。例如，一个员工在原来企业的薪酬是年薪10万元，那么挖角企业只要给出12万元，就可以比较轻松地动摇这个员工的心，让他产生离职的冲动。面临这种情况，第一个问题可以这样问："新'东家'给出的薪酬是长期的吗？"并帮其分析，新"东家"是否具备长期支付能力。因为很多企业都是捞一把就走，或者撤出了这个行业。面对这种情况，你要从头再来吗？如此，把眼前的薪酬诱惑与他的职业生涯联系起来进行分析。

2. 员工的价值是否与付出相符

一个企业雇佣一个员工，看重的是该员工的知识、技能和经验的积累程度，招聘员工希望他们能够完成企业所期望的目标。很容易理解的一个现实是，高激励背后一定是高目标，天下没有免费的午餐,没有哪个企业愿意支出了高额人工成本却不求高回报。实际上,越是大企业,用人成本越低,为什么?大企业吸引人才的途径比较丰富,除了薪酬之外,还有品牌、知名度、企业文化、激励机制、晋升机制、培养发展机制,这些完善的机制对求职者的吸引力远远超出了薪酬的本身,而小企业则不具备这些,只能拿高薪酬吸引求职者,但往往高薪背后是高目标、高要求。

3. 是否需要企业提供帮助

有些员工想"离职",或是想闹情绪,也往往会打着涨工资的幌子。本来,他们的薪酬待遇已经不错了,也达到了自己的预期,但是在企业最缺人手,或是最需要他们出力的时候,他们还是会跳出来"要挟"企业一把——能涨更好,不涨也不会辞职。

面对这种情况,在薪酬沟通时,要多从心理层面进行疏导,多谈事、谈情,少谈钱,事情谈不妥,情理不顺,工资涨再多也没用。如,某员工最近状态不好,是因为看到别人涨了工资,自己没涨,心理失衡,进而消极对待工作。这时,可以多问问他遇到了什么麻烦,需要提供哪些帮助,必要的时候,可以准许他几天假期。总之,不能无原则地用涨薪来博取其欢心。

所以说,薪酬沟通是个技术活儿,不需要讲什么大道理,但一定要切中员工最关心的问题,抓不住这个核心点,讲什么企业文化、战略、发展前景,都是扯淡,在员工看来都是虚的。只有让他看到实实在在的利益,以及自己的付出与回报之间的关系,他才会相信你说的话。这样,薪酬沟通才有意义。

降薪前要做好沟通工作

说到降薪，大家第一时间就会想是调岗或是直接降低原来工资收入。实际上真正操作降薪时，在每次的普调时不给予加薪等于是降薪了。为了避免员工在调薪后有较大的情绪，在调薪前需与员工做好沟通工作，阐明降薪的缘由。

有一家成立多年的建筑材料公司，2016年，老板为了扩大市场占有率，以本地区和同行业二倍工资招聘了一批中高管，并把原手下管理人员的工资提到最高级别。后来，由于房地产不景气，加上老板经营不善，企业的资金链出现了问题。为此，老板只得做出一个艰难的决定：调整公司人员的工资和级别。

部分中高层管理人员不同意按级别计算工资，并拿了自己的加班记录，要求公司做出相应的补偿。有的管理人员干脆提出辞职。老板一时很为难，不知如何是好。

从这个案例可以看出，在变相降薪前，这位老板并没有做相应的沟通工作。企业发生经营困难，需要通过降薪来达到降低成本，渡过难关。这是许多企业的通行做法，但一些企业并没有出现上述企业的情况，原因是沟通工作做得到位。

这些企业怎么做的呢？先不说降薪，而是召开全体员工大会，然后说因为企业经营不善，需要裁员。经过一个多月的裁员商讨过程，很多人都怕自己被裁员，纷纷找到领导谈话，表示自己愿意降低工资，也要留在企业，这段时间企业员工的工作效率都比之前高很多。后来降薪政策一出来，员工不是伤心难过，反而都很高兴。

可以说，薪酬关乎每个员工切身利益，向来都是涨薪容易降薪难，如果操作不当极易引发员工不满或者离职，甚至引发群体性事件。因此如果一旦要实施降薪，公司必须要高度重视，制定明确的薪酬调整方案，也要注重降薪实施过程中的技巧。

1. 放出"裁员"风声，营造危机感

在降薪之前，领导可以先放点风声出来，如"企业出现了严重的亏损，为了减员增效，接下来可能会有大的改革"。这就给员工一种危机感，加之现在拿的工资不比行业水平低，多数人会做好"降薪留守"的准备。员工有了这种心理，接下来再谈降薪就容易得多。

2. 评估现有岗位及人员素质

其实降薪的根本目的就是降低企业人力成本。因此，对企业各岗位进行重新评估，该合并的岗位合并，该取消的岗位取消，可兼职的决不设专职岗位。对岗位进行评估之后，必须对现在岗的员工的胜任素质进行测评，罗列出绩效较差的员工，裁员减薪这类人将首当其冲，这也是企业规范管理必须要做的一步。

3. 明确薪酬调整指导目标

企业出现经营困难，再加上行业不景气，如果仍按原来制定的薪酬政策支付员工工资，将进一步增加企业负担。因此，这样的公司的薪酬调整必须要及时。在进行薪酬调整之前，必须明确此次薪酬调整的指导思想，如本次降薪的目的、降薪范围、降薪比例等。只有明确这些思想，才能为下一步制定出有针对性的薪酬调整计划奠定基础。

4. 制定薪酬调整方案

在明确本次降薪的指导思想后，拿出具体的降薪方案。一般来说，考虑到降薪的负面作用，不能轻易大幅砍除员工工资标准，首先从补贴性其他工资缩减，如私家车油费补贴、过节福利费、交通补贴、住房补贴、兼职补贴等。除此之外，可以对浮动工资进行绩效考核，劳动法明确规定这是允许的。总之即使是真正的降薪，也不能过于明显，否则容易激化矛盾。

5. 告知员工薪酬调整情况

经过前期放出的"裁员"之声，结合岗位梳理和现在岗人员素质测评结果，相信公司都是人人自危的情绪。此时可以告知员工，公司目前出现困难，按说公司会裁掉一部分人员，以达到降低企业运营成本的目的，但公司经过多次研究讨论，决定不大面积裁员，只会对部分岗位进行调整，薪酬也会相应变动，希望大家能与公司共同度过难关，企业发展好了，发展成果自然会与大家共享。

6. 各个击破，落实"降薪"政策

如果大多数员工基本上同意岗位及薪酬的调整方案，可与剩下的少数员工进行深入沟通，摆出利弊，实在不同意的可以考虑辞退。

一般来说，大面积集体降薪不宜整体一刀切，换句话说，就是降薪方案实施后，要保证一部分人没降，可能个别人还略有增长，一部分人基本持平，大部分人还是降了。要达到这样的结果，还要稳定员工的情绪，避免不必要的劳动纠纷，非常考验领导的沟通水平。

第11章 · 薪酬沟通，别让薪酬成员工"心愁"

灵活处理员工的申诉

加薪，公平永远只是相对的，要做到绝对的公平几乎是办不到的。首先，公司对员工的评价就不可能绝对公平，也不可能对员工的表现和业绩进行全部量化考核。所以，不少领导总会遇到这样的问题：不管进行怎样的加薪，事后总会有一些员工要来申诉或投诉，要么说自己加少了，要么计较同事加多了。不加还好，加薪却加出一堆事来！其实，问题的根源还是沟通不到位。

如果员工找上门来申诉，领导要学会根据情况灵活应对，把该说的话说到位，尽早消除员工的不满与误解，使结果变得更圆满。

1. 认为自己加少了：减弱其加薪的欲望

也许此类员工与其他员工，甚至与老板沟通过了，只是没有被说服，或者认为只有直接领导才能解决问题。不管什么原因，都应当这样来对待：一是首先要客气礼貌地接待，甚至上茶；二是让其尽情说出全部想法，而且要引导其表达完，包括所有理由和不愉快；三是分析其存在的不足之处，以减弱其加薪的理由和欲望，当然，理由必须充分，证据确凿；四是站在多个角度帮助其分析为什么这样加薪，这样更有说服力，尽量不要被员工的理由说动，可以表面上感觉被说动，表示出同情心。

2. 认为同事加多了：强调贡献＝报酬

对这样的申诉或者投诉，一定要这样来处理：首先告诫他，已经违反公司"工资保密"的规定，希望注意；二是分析同事为什么加那么多，做了哪些业绩，是公司和同事都知晓的，而且其工作态度、学习精神如何，都可以分析下，但永远不要将他和这个同事进行对比；三是表扬他努力为自己争取权益的精神，同时要强调，贡献与报酬应当是对等的，公司领导和上级都会认真评估的，不会乱做出决策，毕竟公司发展和激发每个员工的工作积极性才是最重要的；四是那些确实因某些关系而得到较大加薪的，也可以讲明，公司需要那些社会关系，该员工对公司有着较大的使用价值，因为这个是他特殊具备的，所以，公司考虑有这样的加薪，也希望理解。

不管员工出于什么理由进行申诉，领导一定要强调加薪是公司做出的不易之举。在加薪上面，一定是要多解释、多引导。可以阐述公司经营管理情况，包括公司的利润情况，以及公司员工工资支出占公司利润的比重等，如可以讲"如果再增加比例，公司进一步扩大经营就会受到影响"；再就是要讲一讲竞争对手的情况、市场情况、客户要求等，委婉告诉他，这个加薪已经是公司最大限度的了，再加的话，公司就会经营困难。相信，"锅里有了，碗里才有"，这个道理大家都是明白的。

当然，那些利用加薪对员工进行打击的管理人员，一经查实，也要进行严肃处理，这样的歪风和邪气一定要及时公开地制止。

第12章

晋降沟通，位子面子要兼顾

常言道：千里马常有，而伯乐不常有。千里马在没有碰到伯乐之前，它就不是千里马。因为，它仅是具备了成为千里马的潜力，并未发挥千里马的作用。在晋降沟通中，领导的一个重要职责就是：发现千里马，并用正确的方式请他们上位，同时让错误的人让位。

沟通力 12项修炼

提拔的气度，决定自己的高度

锻炼、培养新人也是领导的一个重要职责，尤其在提拔下属方面，领导除了要有识才、辨才的能力，还要有宽阔的胸怀。正所谓"人外有人，天外有天"。作为领导，必须也得承认，在某些事情上，下属确实比自己更优秀。

有一种领导害怕提拔下属，害怕下属威胁到自己的位置，他们一方面希望下属有优异的表现，一方面又担心下属抢了自己的风头。所以，在职场经常出现这样一种现象：一个部门的领导都不怎么愿招聘比自己更强的人。主要原因是：一是这样的员工不好指挥；二是他难以发现比他强的人；三是怕产生新的竞争者，自己的位置不保；四是怕能力更强的员工发现他的弱项。如果这个领导的能力说得过去，还能驾驭局面，如果能力平平，那就是武大郎开店——高我者不用。

领导提拔下属要有一种开放的心态，表现出领导应有的境界，毕竟，这个世界上比自己强的人太多了，一辈子你什么也不干，什么也不想，光是盯着别人的好事，也是盯不过来的。

宋朝太尉王旦曾经推荐寇准为宰相，但寇准多次在皇帝面前说王旦的缺点，而王旦却专门夸赞寇准的优点。有一天皇帝对王旦说："你虽然夸赞寇准的优点，可是他经常说你的坏话啊。"

王旦说："本来应该这样。我在宰相的位子上时间很久，在处理政事时失误一定很多。寇准对陛下不隐瞒我的缺点，愈发显示出他的忠诚，这就是我看重他的原因。"

　　有一次，王旦主持的中书省送寇准主持的枢密院一份文件，违反了规格，寇准马上以此事向皇帝赵恒汇报，使王旦因此受到责备，连具体承办这项工作的人也受到处分。事隔不到一个月，枢密院有文件送中书省，也违背了规格，办事人员很高兴地把这份文件送交王旦，王旦不但未告发寇准，且把文件退还给枢密院，请他们主动改正。

　　对这件事，寇准十分惭愧，见到王旦，恭维王旦度量大，王旦默不作声。后来，寇准升任武胜军节度使同中书门下平章事，寇准感谢皇帝："不是陛下了解我，如何能得到如此重用。"皇帝对他说："这是王旦推荐你的啊！"寇准因此更加敬服王旦。

　　态度决定高度。作为领导，核心职责就是帮助他人取得成功，首要责任是帮助他人更好更快地提升，大胆提拔比自己更优秀的人才，为有才干的下属提供更多的提升机会。同时，领导甘当人梯并不够，在帮助他人不断提升的同时，自己也要不断地学习成长，不断提高自己的层次，这样才能帮助提升更多的人，发挥更大的人梯作用。

　　从个人眼前的利益来看，提拔比自己更有潜力的员工，对自己来说是一种压力，但当你到达天花板时，不能突破，又能有什么作为呢？因此，无论是从个人，还是从同事和公司角度看，领导都需要有一种更宽广的胸襟、更长远的眼光，这样才能获得更长足的发展。

沟通力 12项修炼

鸭子不上架，就不要强撑

不想升职，通常会被人简单地解读为不求进取、得过且过。拿破仑早就说过，不想当将军的士兵不是好士兵。事实上，升职并非所有职场中人的终极梦想。一些人除了对事业和家庭慎重选择之后"不想升职"，还会考虑新职位的能力要求、发挥空间、责任与薪酬等。所以，如果领导强行晋升他们，他们会产生一种"被升职"的苦恼。

升职，通常意味着加薪，两者似乎天经地义地如影随形，比翼双飞。如此看来，升职才具备了诱惑力。如果是与原来的薪资做比较，确实是水涨船高，但如果与新职位所要承担的责任、义务相比，所得并不与之相匹配，当然有人会说"不"了。

王玲自从被升为部门主管后，工资上调了一档，每月增加500元。但上任两年时间，用她的话说"这个职位硬生生把一个青春少女逼成了泼辣的职场女强人"。当她只是普通员工时，她只需要做好自己的工作，而升为主管后，她要协调部门间的关系、化解下属间的矛盾、争取本部门的利益。当年的那副好脾气，也因为烦琐的工作而变得暴躁易怒；因为经常加班熬夜，黑眼圈、鱼尾纹也不请自来。在她看来，和自己所承担的压力相比，这500元实在算不了什么！

而她的好友李琳，当年和她一样是部门主管候选人，后来自动退出竞争行列。上班时间，李琳总是有条不紊地做事，决不让工作影响到她下班后的生活。她煲汤养生、健身美容、上课充电，永远都是一副淡定优雅样。这样的生活谁不羡慕？

所以，王玲经常自叹：现在后悔已经晚了，真是人在江湖，身不由己。

在职场中，像王玲这样升职后，会有些后悔，或是根本不想升职，只想惬意地待在现有职位上的人不在少数。领导在提拔这样的员工时，要如何进行沟通呢？

1. 了解不想升职的原因

遇到这种坚决不想升职的下属，当领导的也很头疼，本是一番美意，没想到对方却不领情。如果真的看好不想升职的下属，首先要了解他的真实想法：是不想升职，还是不敢升职。

只能掌握了对方的心思，才能打消他的顾虑，在某些环节或事情的处理上传授些经验，减轻他的压力，思想工作做通了，啥事都好办。比如，有些下属"不敢升职"，是因为经过衡量后，觉得头衔改变和薪水增加的诱惑，实在抵不过升职后会增加的麻烦：更多的责任、更多的私人时间被占用、更高的能力提升等诸如此类要求。这时，领导可以就这些问题与他进行具体的交流。一般，问题沟通到位了，思想工作做通了，下属是不会拒绝升职的。

2. 不要强赶鸭子上架

小刘是单位的技术能手，做了十多年的质检工作，9年被评为优秀员工。所以领导一向看好他。一次，销售部的主管职位出现空缺，领导首先想到让他来做主管。小刘有些矛盾：如果仅仅是售后人员，以自己的专业知识，他可以提供非常精准的售后服务，毕竟自己对公司的产品了然于心。如果自己的职位是主管，就意味着他不仅要与全国众多的客户保持密切联系，还要调度公司20多位售后人员，而且升职后的人际关系网也将重新洗牌。

看到小刘有些犹豫，领导便私下做他的工作，并且说："现在公司处于困难时期，希望你这个时候能顶上去。"小刘只好答应下来。但升职后，如何协调与其他部门的关系，让他伤透了脑子，而且，客户也都不是很配合，下属也时常对他抱怨连连。终于有一天，他熬不住了，提出了辞职。

这是一个典型的赶鸭子上架的案例。虽然业务能力是衡量一个人能否升职的重要指示，但也要考虑本人的意愿，以及他可能面对的环境变化。所以，在准备晋升下属时，最好与其做360度的沟通，多了解他的情况。

3. 探讨可行的备选方案

如果真的想用好人，最好的办法是站在对方的角度分析、沟通，获取对方的真实想法。对于有升职意愿，却担心升职后压力大的员工，最好是有针对性地探讨一些可操作的方案，来打消他的顾虑。而对于确实缺乏升职意愿的员工，也可以早早物色后备人选。

许多时候，下属不愿意或不敢升职，无非是觉得升职后会带来些自己不能忍受的烦恼，如果只有好处没坏处，应该没人会拒绝！所以，领导在晋升沟通中一定要了解清楚这背后的原因，这样才能降低自己提拔下属所冒的风险。

理性应对下属的降职请求

降职使用下属,通常是对犯了错误的下属的一种惩罚措施。但是工作出色的下属主动申请降职,在职场并不多见。如果领导身边出现这种情况,一定要想好应对之策。

刘经理手下有个区域主管,一天,对方发了封邮件给他,主动要求降职,原因是最近业绩下滑太多。这本来是一件很好解决的事情,但是,因这位主管尽心尽责,业务能力很强,是不可多得的人才。所以,让刘经理有些纠结,甚至不知所措。第二天,他约对方进行了一次面谈。主管也没有给出有说服力的借口,只是说"最近业绩有些下滑,自己压力很大,想调整一段时间"。刘经理只好答应了他的要求。一个月后,这位主管又以身体不适为由提出辞职。后来王经理才知道,他跳槽到了另一家公司。

下属不愿意升职的事就比较少见了,至于主动申请降职,就更罕见了。一旦出现这种情况,其中往往藏着一些猫腻儿,这时,领导一定要多与对方沟通,深入了解背后的原因,以便做好应对之策。与主动申请降职的员工沟通时,要做好以下几点:

1. 探讨公司的规定

下属提出降职申请,总有自己的理由,在沟通时,要把他的理由与公司的相关规定对比,如果符合公司相关要求,按规定执行,同时做好他的思想工作。如公司有规定:如业绩下滑,可以降职使用。正好下属的理由是:业绩下滑。事实上,业绩也是出现下滑的。那就可以考虑答应他的要求。如果理由不成立，就要进一步探讨可能的方案。

2. 进行必要的劝阻

下属提出申请后，不管答不答应，都要先进行必要的劝阻，毕竟对方不是普通员工，他的降职会对公司或部门的业绩产生影响。那怎么劝阻呢？如果对方说压力大，就帮助或鼓励他找到原因，以便把工作做好。如果对方说目标难以完成，那就给他一个弹性时间表，以此激励他。

3. 找到问题的根本

一般，下属提出降职申请，事先都想好了理由，有些理由听上去是很勉强的，不是本人真实意愿的表达。这时，领导要学会了解深层次的问题，不要被借口所迷惑。如，下属想跳槽到其他公司，又不方便直接讲明这个理由，就会编一些看似合理的借口，什么身体不舒服，工作不在状态等。总之，如果对方讲的原因是真实的，如工作方法不对，那就帮他调整工作方法。如果说市场不好做，那就和他探讨市场问题。当然，如果下属执意要求降职，说明他的进取心和责任感强，应加强引导，不妨从负激励角度考虑问题，先予以降职。

4. 考虑直接辞退

如果员工降职的理由不充分，且没有说服力，降职处理势必会动摇军心，这样的员工留不得。留下来也无益，与其如此，不如送佛送到西，直接和他谈离职。许多时候，降职意味着离职，因为人心都是向上的，一个员工主动要求降职，还心安理得，会给积极的环境氛围带来不良影响。所以，必要的时候，以谈"职业生涯"为由，委婉地劝退下属。

作为领导，当下属提出降职申请时，不但要分析原因，还要能够站在对方的立场与角度考虑问题，同时，要想好应对的方案。如，有些员工可能是借此要挟公司给她升职加薪，有些员工可能是想通过降职来减压，或是保护自己。这时，领导要学会根据具体情况，理性地说"YES""NO"，或"滚"。

给不了位子，就多给面子

在实行内部晋升选拔机制为主的企业里，晋升失败的案例并不少见。任何一个员工，若在晋升竞争中失败，都会产生一些情绪上的反应，这是人之常情。情商高的员工能很快从晋升失败的不良情绪中走出来，继续工作，而低情商的员工会深陷其中不能自拔，甚至影响工作。

对于因没有晋升而有情绪反应的员工，一般分为两类：一类是平时表现优秀，本次因机会、客观原因、个人能力等原因无法晋升；另一类是平时表现一般，却自我感觉良好。相对来说，与后者的沟通就简单多了，直接告诉其情绪影响工作，如不及时调整自己，将对其进行调整。他们可能会不服，但经验告诉我们，这类员工需要这种负面激励。令领导头疼或棘手的是，与前一类员工的沟通。与这类员工沟通时，领导要把握好以下几处重点：

1. 及时沟通，告知原因

作为其领导，有必要将本次晋升没通过的原因与当事者做一个详细沟通，为了不刺激当事者，应尽量将没有通过的原因归咎为公司的晋升体制，或者机会太少，对当事者的个人原因要委婉地加以说明。不要指望一次谈话就可以让员工的情绪完全平复下来，第一次谈话只是让他明白：领导已经注意到了你的情绪，你需要尽快从这件事情中走出来。

如果领导不能及时和他沟通，他的不良情绪可能会延续更长时间，甚至产生破坏作用。平时表现不错的人，一旦闹情绪，对团队的影响是很大的。所以，领导不宜冷处理，要及时和他们进行沟通。

2. 告知影响，引起重视

第一次谈话之后，领导应密切关注当事者的调整情况，如果改善不明显，就需要进行第二次谈话。第二次谈话仍然保留对方的面子，不需要太过于指责，只是希望对方能尽快调整过来，但需明确说明不能因为情绪影响工作和他人。

如，可以这样说："这次没有把握住机会，你有情绪，这个我能理解与体谅，但如果不尽快调整过来，影响自己的工作或同事的工作，我相信这不是你的初衷，希望你能尽快地调整过来！"对方会明白这是在给他面子，如果自己还不调整过来，就是不给上司面子了。

3. 给予台阶，缓解压力

有一部分未升职人员闹情绪，其实是来自同事的压力，比如以前大家都觉得他有晋升机会或平时工作表现很出色，但这一次晋升没有通过，怕别人笑他，面子上不好看。

这个时候，领导应召集会议，宣布本次晋升由于客观的原因，很多表现很优秀的同事没有得到机会，但他们的表现公司是看到的，有机会一定会给予晋升。这样等于让他在众人面前有了一个台阶，情绪应该很快就能平复。

4. 直指要害，顺势而为

通过以上一次、两次谈话及公众谈话仍不能调整的人员，领导可以进行第三次谈话，这次谈话要直指要害，说明再不调整的后果，及将可能采取的行动。所谓先礼后兵，先软后硬。关系相对熟悉的下属，可以对其发火，只指其性格缺陷，说明其晋升不通过的真正原因正是其不成熟的个性，让对方痛定思痛。这样做有可能出现两种结果：

第一种，当事者认识到错误主动向致歉，情绪调整过来。这时就要顺势而为，加油鼓励，告诉他今后要调整的重点，并提供一些建设性的意见。如果是能力的原因，可以协助建立一个能力提升计划。

第二种，当事者想不通，辞职。可作挽留状，如对方去意已决，则告诉对方自己一而再、再而三地找他谈话是希望他能留下来，宽慰其心，并让对方回去再考虑一下，如果最后仍无改变，则好聚好散，站在上司的角度也算是对他仁至义尽，无话可说。

可见，领导要消除晋升失败的员工的不良情绪，除了沟通，还是沟通。不懂相关的沟通技巧，不但容易伤害员工，也会影响团队的士气。所以，对此类员工，领导要有仁爱之情，要本着关怀、爱护下属的原则，站在客观公正的立场上，与员工坦诚相见，打消他们的顾虑，提振他们的信心。

谨慎承诺,"晋升"不宜当话题

作为领导,提拔失策,是常有的事儿。不当提拔,不但会影响员工士气,还会打击团队士气,甚至引发内部不满情绪。所以,错误地晋升员工,不是一件小事儿,领导不能随意行事。错误的提拔很可能导致"将熊熊一窝"的效应,逼优秀员工离职!而且错误的提拔将会给企业带来很多麻烦,造成很多损失。

为了避免在提拔员工时出现低级失误,平时领导在与员工的沟通中,要注意下面几个方面:

1. 不要把"升职加薪"当家常话

很多职场人士都会遇到类似的情况,在一个职位,特别是基础岗位待了很久,本来上级看在多年"没功劳也有苦劳"的份上,承诺加薪或者升职,但是,由于竞争激烈,却迟迟无法兑现。也许领导说这话是为了安慰员工,但员工觉得领导无戏言,说话是认真的,所以一旦这种"承诺"无法兑现,就会越来越心生不满。

平时,不少领导都有这个毛病,习惯对下面的员工说:好好干,将来一定会有机会。或是暗示下属:等某个职位空出来,优先考虑让你上任。许多时候,这只是领导的一张"空头支票"。结果晋升的职位只有一个,领导却和十来个下属说过类似的话,最后,惹得大家谁都不高兴,弄得自己里外不是人,何苦呢?所以说,没有拍板的事,领导不要胡乱承诺,尤其是涉及员工切身利益的职位晋升一事,不能当家常话来聊。有时,即使公司做出了决定,未见到正式通知，也不要乱讲。

2. 提拔"潜力股"，多交流预期困难

空缺岗位需要填补，最简单的方法便是提拔"潜力股"。这时，如果对方没有准备好，贸然提拔，很可能将其送上了一条注定失败的不归路。也许他能够完美胜任之前的工作，但由于缺乏必要的经验，可能会难以适应新的工作岗位。如果上任后，做不好工作，每天都要面对上上下下铺天盖地的指责与批评，这种落差感和挫败感是不言而喻的。

在实际工作中，工作压力和负担越堆越高，员工产生的抵触心理也会越来越强，觉得领导是在逃避自己的责任和义务。所以，提拔"潜力股"时，除了要做全方位的沟通，事先也要申明自己的领导责任，让其对将来的困难有足够心理预期，对新的工作有全新的认识，不至于环境发生了变化，自己无所适从。

3. 慎用"职位留人"许诺离职员工

俗话说"强扭的瓜不甜"。员工一旦去意已决，态度很坚定，肯定有他的打算，领导许诺高薪、职位来留人，只会让公司陷入被动。更何况，有些员工会在关键时刻，以走人为由要挟公司，进而达到加薪、晋升的目的。对于这类情况，领导不要轻易许诺。

有一位经理，手下有一名问题员工，由于玩忽职守受到了停职处分。不巧的是，正逢另一名员工辞职，管理层开始担心这位员工也会离职，令公司人手不足。了解到管理层的这种心理，这位员工见有机可乘，便以辞职不干、另谋高就相威胁。管理层惊慌失措——不仅没有辞退她，还为其升职加薪。

像这样的员工，本身职业操守就是有问题的，即使公司再缺人，他再是个人才，该放也要放，不要用职位留人，否则，增加

的不只是用人成本，还有风险。

综上所述，许多企业之所以会出现用人失误，提拔了不该提拔的人，一个重要原因是，领导好用"晋升"作为谈资，不论是安慰员工，肯定员工，还是留用员工，都习惯用晋升作为诱饵。该谈的时候谈不到点上，不该谈的时候到处许诺，说得多了，为了树立威信，只好提拔一些不胜任的员工。可见，为了防止提拔失策，在晋升这个话题上，领导不能太乌鸦嘴。

挽留核心员工，不能只动嘴皮子

几乎每一个企业领导者，都经受过核心员工跳槽的困扰。当核心员工不顾公司的挽留，翩然而去；当潜力员工不顾领导的期待，悄然远去；当重点培养的员工不顾老板的重托，撒手而去，给领导留下的肯定是无尽的懊恼和叹息。

现在，我们就需要认真思考一下了，究竟有没有更好的办法把他们留住？以下这些建议值得借鉴：

1. 第一时间做出反应

如果企业十分想留住核心员工，那就没有什么事比立即对其离职行为做出反应更重要的了。如果员工要离职了，你还在说"我这里正忙，等会儿我跟你谈"，或者"我先和你的业务领导谈谈，然后再和你谈"之类的话，都会使员工对公司的负面评价升级，也会使员工的心往竞争对手的企业更靠近一步，会更坚定他离职的决心。

立即向员工做出反应可以达到两个目的：首先，向员工表明他对公司确实很重要，让员工体会到受重视的感觉；其次，可以在员工下定决心之前，给公司更多的时间去尝试改变员工的想法。

如果一时想不出应该如何反应，那么，以下的一些话术也许可以派上用场："你这个岗位十分重要，我代表公司郑重希望你能留下来"，或者"你的能力在公司是无可替代的，我希望你能慎重考虑"，或者"公司正在考虑一项和你有密切关系的改革，我真诚地希望你把辞职信先收起来,观察一段时间后,可能你就不会做这样的决定了,你再考虑一下好吗"。

迅速做出反应,不仅仅是指从语言上明确表达挽留的意愿,而且要有具体的行动,如立即制订和执行挽留方案。任何延误都会使员工辞职的决心变得更强,挽留的可能性更小。

2. 倾听员工的心声

倾听是获取员工真实信息的最有效的方法。通过倾听,了解员工的心事,了解他对周围的人和事的看法,从而逐渐走进员工的内心世界。因此,领导者必须迅速创造条件和员工进行沟通。一般来说,倾听可以达到如下几个目的:一是倾听对员工来说是一种很好的心理辅导,可以使员工心中积累的对公司的不满得到疏泄;二是通过倾听,可以了解员工辞职的真正原因,是工作环境、薪酬待遇、工作节奏的问题,还是对事业的看法发生了根本性的改变;三是通过倾听,可以获得员工对供职岗位和环境的客观评价,获得其对公司管理和今后发展的合理化建议。

3. 做好保密工作

领导要封锁员工辞职的消息,这对员工和公司来说都很重要。对员工来说,可为他临时改变主意,继续留在公司消除后顾之忧。如果其他人毫不知情,他就不必面对公开反悔的尴尬处境。对公司来说,消息没有公开,就不会在员工中造成不利的影响,也能给挽留员工留下充分的回旋余地。

4. 解决其他问题

如果员工是因为工作以外的原因离职,要第一时间了解相关情况,并采取一定的措施,帮助员工解决遇到的难题,这样既能留住员工的心,又能增加员工的工作积极性。

例如,当得知员工辞职的原因是家人不支持时,可以安排公司高管进行家访,在家访过程中给员工充分的肯定,并感谢家属对公司的贡献，或安排工作时间之外的聚餐以示感谢等。一旦员工做出留下来的决定，就要积极地提示他，他做的决定是最终的决定，他将继续留在公司工作。

　　一些公司为了留住核心员工，往往没有从核心员工的角度出发采取措施，而是从公司的角度出发来挽留核心员工，往往走入了死胡同，不但不能留住核心员工，反而可能造成不良影响。

话到位了，送"神"不比请神难

在企业里有两种人是多余的：一是请100天假对公司各方面没有任何不良影响的人；二是那些从来不用承担任何责任的人。如果一个员工来不来上班，都不会对公司的业务或者经营产生一点影响，那么这个人无疑是多余的。同样如果一个员工永远都不用承担任何责任，说明他的岗位有职权没有责任，岗位职责也就无从谈起。

实际上，这两种人存在于很多企业中，表现出来的形式就是"人浮于事"，导致的结果是工作效率低下，团队凝聚力不强。企业中存在多余的人怎么办？当然是辞退。俗话说"请神容易送神难"，但强行辞退员工，有一定的法律风险。对企业来说，最保险的"送神"方式，就是劝退了。

一家公司因发展需要，欲辞退几名勤杂工，得到消息的几位勤杂工来到人事部经理的办公室。经理先请大家坐下，给每个人倒了杯水，然后说："几位，公司进行升级整改，勤杂人员用不了这么多人，公司决定，下个月解除跟几位老兄的工作合同。"其中一个在公司干了好几年的工人说："经理，是不是我们干得不行啊？"其他几个人也跟着说。

经理笑笑说："不是这么回事！可以说，你们几位是我见过的最诚实肯干的勤杂人员。这活又脏又累，到了你们几位手里，却干得干净利落。像6月8号那次卸货，30多吨货，你们几位只用了半天时间就搞定了！但是，咱们公司上了传送带，全自动，所以这些活计就都由机器来负责了。我跟公司申请，给大家一些补偿，这一个月，你们再找找新的单位，我想，凭你们肯吃苦的优点，一定会找到更好的单位的。如果一个月后，还没有找到新东家，我再帮你们想办法，大家记下我的电话号码……"

一番话说得几个人心里热乎乎的，工人们激动地说："公司为我们想得真周到，我们会永远记得公司。"他们愉快地接受了被劝退的决定。

在这次劝退谈话中，经理先是开门见山，说明了公司辞退他们的决定，坦荡诚恳。在工人表达了不愿意离去的想法后，他又耐心解释，积极为员工考虑，还说为他们申请了补贴，并举出实例夸赞了他们肯吃苦的优点，让几位勤杂人员对再找新工作充满了信心。最后，他还承诺，如果一个月后找不到工作，他会帮大家想办法，几位勤杂工深受感动。

作为领导，为了企业的发展，有时免不了需要劝退一些员工。那么，当要劝退员工时，话该怎么说，才能既落实了工作，又不伤感情呢？

1. 陈述立场，不做争辩

你做的事情不是和他讨价还价，你现在做的是在执行公司的决议。此时，不是与他争辩谁对谁错、谁有能力、谁无能的时候，你只需告诉他：你被劝退了。如果他问及为什么，可以和他说：是因为机构调整、企业的业绩滑坡等。

2. 坚持原则，拒绝妥协

在他抱怨的同时，你可以告诉他："公司知道你委屈，所以会给你一些补偿。"随即你可以说出补偿的办法，甚至是具体的数字。

在阐述的过程中,你说的语言要非常熟悉,非常清晰,非常具体,而且要有依据,甚至要有心理学依据。你要保持专业性,因为你的任务是要清楚有效沟通,而不是做心理咨询。

无论当事人感到如何不公平,如何吵闹,你都不要和他正面冲突,而且绝对不能有一点妥协的意思。千万不可以表露"那我再和领导谈谈"这种有回旋余地的态度,即使你心里是这么想的。甚至即便是这次劝退错了,不应该让他走,但你已经和他说让他离职时,也一定要让他走。作为劝退者,不可以出尔反尔。否则,一旦被其他被劝退员工知道后,后果将不堪设想——对一个人的伤害,不是回家就完事了,他会永远记得你。

3. 抚慰心灵,表达理解

在整个离职谈话中,一定要给予当事人一定的时间处理情绪。必要时,以纸巾、温水和香烟来帮助他释放情绪,这都会很有效。同时,用充满同情与理解的话语,为他平复心灵的伤痕,千万不要生硬地否认对方的心理感受。当人遇到伤心事时,一定要给他释放的场所和时间。为什么女人通常比男人长寿?就是因为女人更善于抒发情绪。因此,当他的情绪过去后,他才会冷静地面对接下来要做的事情。最后,你可以和他说:"如果你需要,可以去找心理咨询师聊聊,也许会好些。"

4. 适度沟通,不留余地

这也是为了使劝退者更具有主动权。中国有句老话叫作:"言多必失。"尤其在被裁人员心理极度脆弱和敏感的时候,更要给他情绪发泄的时间。让他感觉你只是尊重他的感受,而非有任何回旋的余地。

相信你利用这些劝退的技巧,一定可以尽可能少地伤害到被劝退员工。从心理学角度看,它虽然不能消除对方的痛苦,但可以使痛苦减到最小。

解聘，也要让员工体面离开

人员优化安排，包括解聘员工等，是很多企业现在或今后必须面对的问题，对于任何企业而言，这都是一件非常棘手的事情。

在如今的职场，到底要怎样解聘一名员工才算体面？如何让员工体面地离职，而又不伤及企业自身，企业各有各的苦衷，也各有各的办法。

王森是某公司的人事经理。一天，他接到老板的通知，要他解聘三名员工，给出的理由是：我也不愿意解聘员工，但他们实在没有使用价值。这几位员工在公司工作了好几年，该如何解聘，才能让他们平静地接受这一事实，而且将解聘的破坏性降到最低？这让王森非常头疼。后来，他找这几位员工面谈，解聘的理由是：他们的销售业绩一直没有起色，没有产生实际的销售，但支出却没有减少，加重了公司的人力成本。结果员工不服，并申请了劳动仲裁。结果，在解除劳动合同时，公司做了相应的赔偿，而且与员工的关系闹得很僵。

的确，解聘员工，还要让员工感到体面，这本身就是一个矛盾。对领导来说，如何让解聘成为双方皆大欢喜的事情，是一大考验。在具体的解聘工作中，要把握好以下几个原则：

1. 解聘前要公正

劝退的原因一般有两种：一是公司原因，如大面积裁员、组织机构调整等；二是个人原因，工作不称职、危害公司利益等。如果是由于个人原因而劝退，应当做好全面考核工作，不可偏听偏信，更不能公报私仇。对于曾经为公司做出贡献的员工，应当尽量为其寻找其他合适的岗位。辞退的公正与否，会影响到在职员工的积极性。把工作能力差、人品差的人开除，会大大鼓舞员工的士气；反之，把工作能力强、人品好的人开除，会让员工的士气在很长一段时间内走不出低谷。

2. 解聘时要公开

解聘员工时，应尽量及时公开解聘理由，以免引起在职员工的胡乱猜测，影响正常的工作秩序。此外，在员工离开时应当尽量做到让他体面，领导出面召集同事为其开个送行会，在会上对其为公司做出的贡献进行总结。开送行会，不单是考虑被解聘人员，更重要的是向在职员工展示公司良好的企业文化，增加向心力。某集团花几年时间从知名公司聘请了一名总经理，来的时候迎接场面非常隆重；而辞退时公司高层私下通知不准管理人员参加送行会，并且在半月后才给各分公司下发了一个正式通知。尽管各分公司的管理者通过各种渠道事先获得了该消息，但在这半月内大家纷纷猜测辞退总经理的原因，许多生产、营销工作几乎陷入瘫痪。该集团此种处理方式，也让在职外聘管理人群感到极为不安。

3. 解聘后要热情

许多企业人走茶凉，对被解聘者妄加批评，把许多罪状统统按到被解聘者头上，总以为反正人都走了，背点黑锅也无所谓。其实不然，员工的眼睛是雪亮的，在职员工会对管理者的评判打分。劝退员工后不但不应"人走茶凉"，而且应当与被解聘人员保持密切联系，随时欢迎被解聘人员吃"回头草"。在节日打个电话给被解聘人员，也许会有意想不到的收获。被解聘人员往往在离开公司后会对公司的管理、营销、生产等有更理性的建议和意见，而且一般对原公司都有一种怀旧情结，很乐意帮助原公司。关心被解聘员工不但能让企业得到实惠，更重要的是让在职员工有种归属感。

所以说解聘员工，领导该怎么说话是一门艺术，只有会说话，说好话，才能与员工平和地分手。

别把"跳槽"员工当冤家

提起员工"跳槽",许多领导都是一肚子的苦水。有的抹着眼泪觉得委屈,"我对他这么好,他还走";有的横眉冷对无限气愤,"白眼狼"、"叛徒"等骂声不断;还有的老板对"跳槽"员工表面不闻不问,暗里不给办手续、克扣工资、制造障碍……老板和"跳槽"员工经常在此时反目成仇,闹得不欢而散。领导的这些做法对不对?

当然不对。领导首先应冷静下来,站在对方立场上好好想一想:员工为什么要"跳槽"?"跳槽"的原因有很多:薪酬、环境、公司发展、领导、个人原因等等。这里,先不分析"跳槽"的原因及对错,主要针对领导与准备"跳槽"的员工沟通时应采取的态度给出一些建议。

1. 要端正心态

员工"跳槽"、人员流动,这是企业发展的自然规律,不可违背。戴尔这样的世界500强企业,照样发生"公司高管集体跳槽"事件。领导可以扪心自问,自己成长过程中换过工作没?在公司发展中用过"跳槽"员工吗?回答完这些问题,摆正了心态,心情才会平静。

2. 要换位思考

员工"跳槽",自己也会有一定的牺牲。他们在这里工作多年,把时间给了公司,工作也早已得心应手,还有多年建立起的良好人际关系……有的甚至已经熬到了领导岗位,然而丢掉这一切,到一个新公司从头来打拼,重新熟悉工作、环境及人员,是不容易的。

所以说,一个老员工在"跳槽"前,肯定会有激烈的思想斗争,甚至是家庭争辩。只有经过慎重考虑，在利大于弊的情况下才会做出"跳槽"决定。从这个角度看，领导应当理解员工，尊重员工的选择。

3．要心胸宽阔

员工去意已决，领导何不顺水推舟，真诚欢送员工，做个顺水人情？既体现了自己对员工恋恋不舍的情谊，又体现了老板的理解和宽阔胸怀。有些领导缺少应有的胸怀，员工说要走，立马给人一种"人走茶凉"的感觉。在用人时，领导要有胸怀，员工要离开时，领导同样也需要胸怀。

4．要提供帮助

帮助员工解决问题，并不是指帮助员工解决经济问题、生活问题、职务问题等现实问题，而是帮助员工解决"心理问题"，即帮助员工重新审视公司，重新评价公司的优势和弱势，重新认识自我，在全面了解真实背景的情况下做出对自己最有利的选择。比如，员工不一定能客观认识自己的优势与劣势。如果领导能从员工的角度思考问题，全面分析员工的技术水平、知识结构、个性特征、社会活动能力等因素，则可以帮助员工认识自己，从而对自己做出全面准确的判断。再如，由于一些心理效应的存在，员工往往对工作了很久的企业看不到它的优点，而会放大它的缺点。而对没有切身体会过的事务，则充满了期待。正所谓"这山望着那山高""入芝兰之室，久而不闻其香"。他往往一时冲动，被其他公司的某个优点所吸引，觉得那家公司能满足他的要求。如果领导能帮助员工发现自己认识上的误区，则不但可以留住员工，还可以促进员工的进一步成长。

除此之外，领导还要善于抓住机遇。真诚地欢送"跳槽"员工，会在员工之间产生惜惜相别、恋恋不舍的气氛，既可留住员工的心，又能减少员工离开可能为公司带来的损失。

员工"跳槽"是件令领导十分头疼的事情，在沟通工作中，领导要因势利导，适当站在员工的角度来处理"跳槽"事件，这样才可以留住员工的心，增加他们对企业的忠诚度。